www.ingramcontent.com/pod-product-compliance
Lightning Source LLC
LaVergne TN
LVHW010620070526
838199LV00063BA/5217
9789358725582

اہلِ سنت والجماعت کے

متفقہ اصول العقائد

(مضامین)

(مولانا) حذیفہ وستانوی

© Maulana Huzaifa Vastanvi

Ahl-e-Sunnat ke muttafiqa Usool-e-Aqaaid (Essays)
by: Maulana Huzaifa Vastanvi
Edition: June '2024
Publisher :
Taemeer Publications LLC (Michigan, USA / Hyderabad, India)

ISBN 978-93-5872-558-2

9 789358 725582

مصنف یاناشر کی پیشگی اجازت کے بغیر اس کتاب کا کوئی بھی حصہ کسی بھی شکل میں بشمول ویب سائٹ پر اَپ لوڈنگ کے لیے استعمال نہ کیا جائے۔ نیز اس کتاب پر کسی بھی قسم کے تنازع کو نمٹانے کا اختیار صرف حیدرآباد (تلنگانہ) کی عدلیہ کو ہو گا۔

© حذیفہ وستانوی

کتاب	:	**اہلِ سنت کے متفقہ اصول العقائد**
مصنف	:	**(مولانا)حذیفہ وستانوی**
پروف ریڈنگ / تدوین	:	اعجاز عبید
صنف	:	مذہب
ناشر	:	تعمیر پبلی کیشنز (حیدرآباد، انڈیا)
سالِ اشاعت	:	۲۰۲۴ء
صفحات	:	۵۲
سرورق ڈیزائن	:	تعمیر ویب ڈیزائن

تمہید

مسلمان کے لئے عقائد کا جاننا لازم ضروری اور فرض عین ہے اس لیے کہ آخرت کی کامیاب کا مدار اسی پر ہے، اور اسلام کی پوری عمارت عقائد ہی کی بنیادوں پر قائم ہوئی ہے، اور بنیاد جتنی مضبوط ہوتی ہے عمارت اتنی زیادہ مستحکم اور پائید ار رہتی ہے، اگر عقیدہ میں پختگی ہو تو اعمال کی بجا آوری آسان ہو جاتی ہے، مگر اس وقت امت میں سب سے بڑی کمی اور نقص یہی ہے کہ امت کا بڑا طبقہ عقائد سے بالکل نابلد و نا آشنا ہوتا ہے، بلکہ مغربی کلچر، تہذیب و تمدن اور گھناونی سازشوں کی وجہ سے عقائد کے بارے میں شکوک و شبہات کا شکار ہے، اسی وجہ سے اسلامی تقاضوں پر عمل درآمد میں بہت پیچھے ہیں، آج نوے فیصد سے زائد ہے اور مسلمان ایسے ہیں جو اسلامی مطالبات سے کوسو دور ہیں، اور انہیں اس کا احساس بھی نہیں اور یہی ہماری ناکامی، اور ذلت کی اصل وجہ ہے۔ حضرت عمر فرمایا کرتے تھے "اے لوگو! ہمیں اللہ نے اسلام کی برکت سے عزت دی اگر ہم اسے چھوڑ کر کسی اور راستے سے عزت حاصل کرنا چاہیں گے تو کبھی بھی ہمیں عزت نہیں ملنے والی، لہذا ہمیں عقائد کی فکر اپنے بارے میں اور اپنی اولاد کے بارے میں کرنے کی ضرورت ہے۔ عقائد سے متعلق حکیم الامت مجددِ ملت حضرت تھانویؒ کے چند انتہائی کارآمد اور مفید ملفوظات پیش خدمت ہے۔

عقائد کا اثر

حضرت تھانوی نے فرمایا: عقائد کا اثر اعمال پر بھی پڑتا ہے اس لئے عقائد سے یہ اثر بھی مقصود ہے، مثلاً مسئلہ توحید میں ایک محقق نے اس اثر کو ظاہر کیا ہے۔

مؤحد چہ برپائے ریزی زرش
چہ فولاد ہندی بر سرش
امید وہراسش نباشد زکس
ہمیں سب بنیاد توحید وبس

اس کی تائید آیت سے بھی ہوتی ہے، چناں چہ سورۂ حدید میں تعلیم مسئلہ قدر کے بعد اس کی ایک غایت اس طرح ارشاد فرمائی ہے ''لکی لا تأسوا علی ما فاتکم ولا تفرحوا بما اتاکم'' (سورۂ حدید آیت ۲۳) کیوں کہ یہاں کوئی نہ کوئی عامل ضرور مقدر ہو گا اور وہ جو ماقبل کے مناسب ہو اور وہ اَخبِرُ ہے یعنی ''اخبر عن ہذہ المسئلۃ لکی لا تاسوا الخ'' تو اس بناء پر تقدیر کے عقیدہ کا یہ اثر ثابت ہوا کہ اس سے غم ہلکا ہو جاتا ہے اور عجب نہیں ہوتا اسی طرح پر عقیدہ کسی نہ کسی عمل پر ایک خاص اثر پڑتا ہے غور سے معلوم ہو سکتا ہے۔ اصلاح عقائد کے لئے قرآن کریم نے جابجا آیتیں پیش کی ہیں۔ (سورۂ انعام، سورۂ اعراف اور تمام مکی سورتیں عقائد ہی سے متعلق ہے) (الکلام الحسن: ج ا ص ۴۰)

اصلاح عقائد سب سے زیادہ ضروری ہیں

تصوف میں جب اصلاح اعمال ضروری ہیں تو اصلاح عقائد تو اور بھی اہم ہو گی مگر آج کل اصلاح احوال تو کرتے ہیں مگر اصلاح عقائد و اعمال کی کچھ پرواہ نہیں۔(الکلام الحسن ص۱۵۸،۱۵۷)

عقیدوں کی عملی غایت

عقیدہ تقدیر کو اصلاح اعمال میں بڑا دخل ہے کیوں کہ اس سے حزن وبطر رفع ہو جاتا ہے اور حزن جڑ ہے تعطل کی اور تکبر وبطر جڑ ہے تعطل باطن کی یعنی پریشان اور غمگین آدمی ظاہر میں تمام دین و دنیا کے کاموں سے معطل ہو جاتا ہے۔اور متکبر آدمی کا دل خدا کے تعلق سے معطل ہو جاتا ہے جب تک تکبر نہ نکلے خدا کے ساتھ دل کا لگاؤ نہیں ہو سکتا۔

اسی طرح عقیدہ توحید سے مخلوق کا خوف و طمع رخصت ہو جاتا ہے۔

اسی طرح رسول اللہ صلی اللہ علیہ وسلم کی فضیلت کے اعتقاد کو آپ کے اتباع میں دخل ہے۔بس عقائد جس طرح مقصود بالذات ہیں اسی طرح مقصود بالاعمال بھی ہیں۔(انفاس عیسیٰ ۳۴۹)

عقائد کی غلطیاں

آج کل عقائد کے باب میں دو قسم کی غلطیاں واقع ہو رہی ہیں۔ ایک تو وہ لوگ ہیں جو عقائد کو ضروری سمجھتے ہیں مگر ضرورت کو اسی میں منحصر کرتے ہیں یعنی اعمال کی ضرورت نہیں چنانچہ عام طور پر یہ عقیدہ ہے کہ جو توحید و رسالت کا قائل ہو اور ''لا الہ الا اللہ محمد رسول اللہ'' کا معتقد ہو بس وہ جنتی ہے۔ اب سے کسی عمل کی ضرورت نہیں۔

پھر بعض نے اور انتخاب کیا ہے کہ ایمان کا بھی اختصار کر لیا کیوں کہ ایمان کی حقیقت تو یہ ہے۔

التصدیق بما جاء بہ النبی صلی اللہ علیہ وسلم

یعنی حضور صلی اللہ علیہ وسلم نے جو خبریں دی ہیں کہ اللہ واحد ہے۔ قیامت آنے والی ہے، وزن حق ہے، حساب کتاب حق ہے، دوزخ جنت حق ہے، تقدیر کا مسئلہ حق ہے، فرشتوں کا وجود حق، پل صراط پر چلنا حق ہے، نماز کی فرضیت حق ہے، زکوٰۃ اور روزہ وحج سب کی فرضیت حق ہے کیوں کہ اطاعت گو اعمال ہیں مگر ان کی فرضیت کا اقرار کرنا ایمان میں داخل ہے یعنی ایک تو نماز کا پڑھنا ہے اور روزہ رکھنا، زکوٰۃ دینا، حج کرنا یہ تو عمل ہے اور ایک ان کی فرضیت کا اعتقاد رکھنا یہ ایمان کا جزو ہے۔ بدون اس اعتقاد فرضیت کے ایمان کا ن تحقق نہیں ہو سکتا۔

تو ایمان نام تھا ان سب چیزوں کی تصدیق کا مگر آج کل لوگوں نے اس میں بھی انتخاب کر لیا ہے۔ بعضے وزن اعمال کا ضروری سمجھتے۔۔۔۔ بعضے پل صراط کی تصدیق کو ایمان میں داخل سمجھتے۔ کوئی تقدیر کے مسئلہ کا انکار کرتا ہے وعلی ہذا۔ اور پھر بھی وہ اپنے آپ کو مسلمان سمجھتے ہیں۔

تھوڑے دنوں پہلے یہ حالت تھی کہ ان عقائد میں کسی کو اختلاف نہ تھا گو فروع میں

اختلاف تھا کیونکہ اختلاف کی دو قسمیں ہیں۔ ایک تو ایسے امور میں جن میں اختلاف کی گنجائش ہے۔ یہ تو فروع ظنیہ میں ہوتا ہے جیسا کہ مجتہدین میں اختلاف ہوا ہے یا ان کے بعد ان کے اتباع میں ہوا ہے۔ یہ تو سب اعمال کے درجہ میں اختلاف ہوا ہے عقائد میں کسی کو اختلاف نہ تھا۔ اور اگر عقائد میں بھی کسی نے اختلاف کیا ہے تو وہ عقائد مہمہ مقصودہ میں نہ تھا بلکہ عقائد مہمہ کی فروع میں تھا۔ مگر کچھ دنوں سے ایک ایسا اختلاف پیدا ہوا ہے جس کے ذکر کرنے کو بھی جی نہیں چاہتا یعنی اب ان امور میں بھی اختلاف ہونے لگا ہے جن میں کچھ دن پہلے شبہ بھی نہ تھا مگر اس وقت اس نئی تعلیم کی بدولت بلکہ یوں کہنا چاہئے کہ علم دین نہ ہونے یا دین سے محبت اور علماء کی صحبت نہ ہونے کی بدولت عقائد مہمہ میں بھی اختلاف ہونے لگا۔ (الدین الخالص ص ۷ تا ۸ ملحقہ مواعظ دین و دنیا)

اختصار عقائد

بعض لوگوں نے اتّباع عقل سے عقائد میں اتنا اختصار کر لیا ہے کہ وہ " لا الہ الا اللہ محمد رسول اللہ " کے اعتقاد ہی کو ایمان کے لئے کافی سمجھتے ہیں۔ بقیہ معادیات کی تصدیق کو ایمان کے لئے ضروری نہیں سمجھتے۔ اور بعض نے یہ غضب کیا کہ محمد رسول اللہ کو بھی اڑا دیا۔ کیوں کہ حدیث میں تو اتنا ہی آیا ہے کہ " من قال لا الہ اللہ دخل الجنۃ" اس میں محمد رسول اللہ کی قید کہاں ہے۔ چناں چہ انہوں نے کہہ دیا کہ جو شخص مؤحد ہو خواہ کسی مذہب کا ہو اور گو رسالت محمدیہ کا منکر ہو وہ جنتی اور ناجی ہے میں اس وقت ان لوگوں کا نام نہیں لینا چاہتا مگر ان کے استدلال پر مجھے ایک حکایت یاد آگئی۔

رامپور میں مجھ سے کسی طالب علم نے کسی ضرورت کے لئے وظیفہ پوچھا میں نے

کہہ دیا کہ ''لاحول'' کثرت سے پڑھا کرو۔ کچھ دنوں کے بعد وہ پھر ملے اور کہنے لگے کہ میں وظیفہ پڑھتاہوں مگر نفع نہیں ہوا۔ میں نے ویسے ہی اتفاقاً پوچھ لیا کہ تم نے کیا پڑھا تھا تو آپ کہتے ہیں کہ اسی طرح لاحول لاحول لاحول میں نے کہا کہ تمہارے اس لاحول پر بھی لاحول۔ تو اگر اس طالب علم کا یہ سمجھنا صحیح تھا تو ان لوگوں کی دلیل بھی صحیح ہوسکتی ہے مگر کون نہیں جانتا کہ لاحول ایک پوری دعا کا پتہ ہے یعنی ''لاحول ولا قوۃ الا باللہ العلی العظیم'' کا۔ جیسے بسم اللہ ایک پوری آیت کا پتہ ہے اور الحمد پوری سورت کا۔ اسی طرح قل ہو اللہ احد۔ اور یٰس پوری پوری سورت کا پتہ ہے۔ (اور الم ایک پورے سیپارہ کا پتہ ہے)

پس اگر ہم کسی سے یہ کہیں کہ نماز میں الحمد پڑھنا واجب ہے اور یٰس کا ثواب دس قرآن کے برابر ہے اور اس کا یہ مطلب سمجھے کہ صرف لفظ الحمد نماز میں واجب ہے اور اتنا ہی کافی ہے اور محض یٰس یٰس کہنے کا ثواب دس قرآن کے برابر ہے تو بتلایئے وہ احمق ہے یا نہیں۔ اور کیا ہر شخص یہ نہ کہے گا کہ بے وقوف یہ لفظ پتہ کے طور پر تھا۔ اور اس سے مراد پوری سورت ہے اسی طرح حدیث میں لا الہ الا اللہ پورے کلمہ کا پتہ ہے اور مطلب حدیث کا یہ ہے کہ جو شخص مسلمان ہو جائے وہ جنتی ہے۔

محض قلب کی درستی کافی نہیں

بعض لوگوں کا عقیدہ ہے کہ فقط قلب کا درست کرلینا کافی نہیں یہ لوگ شریعت کو منہدم بلکہ منعدم کرنا چاہتے ہیں کیوں کہ تمام شریعت بھری ہوئی ہے اصلاح ظاہر اور باطن سے اور تصوف کی حقیقت بھی یہی ہے کہ تعمیر الظاہر والباطن۔ (الصلوۃ ص ۲۱)

ایمان کے شعبے

جاننا چاہئے کہ قرآن مجید کی آیت مبارکہ (ضرب اللہ مثلاً کلمۃ طیبۃ اصلہا ثابت وفرعہافی السماء)(سورہ ابراہیم:۲۴)[ترجمہ: اللہ تعالیٰ نے کیسی مثال بیان فرمائی کلمہ طیبہ کی وہ مشابہ ہے ایک پاکیزہ درخت کے جس کی جڑ خوب گڑی ہوئی ہے اور اس کی شاخیں اونچائی میں جارہی ہیں] سے معلوم ہوتا ہے کہ ایمان میں کچھ اصول اور کچھ فروع ہیں اور حدیث مبارکہ میں ستر سے کچھ زائد شعبے ارشاد فرمائے گئے جن میں افضل کلمہ " لا الہ الا اللہ " اور ادنیٰ راستہ سے کانٹا ہٹانا ہے اور حیا ایمان کی ایک شاخ ہے یعنی یہ اوسط درجہ ہے۔(مسلم:۶۲ج ا)

واضح ہو کہ یہ شعبے تیس قلب سے متعلق ہیں اور سات زبان کے اور باقی جوارح کے ساتھ چالیس مجموعہ حسب تعداد محققین ستتر ہوا جن کی تفصیل یہ ہے۔

شعب ایمان جو قلب سے متعلق ہیں وہ تیس شعبے ہیں

ایمان لانا اللہ تعالیٰ۔یہ اعتقاد رکھنا کہ ماسوا اللہ تعالیٰ کے حادث اور مخلوق ہے۔ایمان لانا فرشتوں پر۔ایمان لانا اس کی سب کتابوں پر۔ایمان لانا پیغمبروں پر۔ایمان لانا تقدیر پر۔ایمان لانا قیامت کے دن پر۔جنت کا یقین کرنا۔دوزخ کا یقین کرنا۔محبت رکھنا اللہ تعالیٰ سے۔محبت کرنا کسی سے اللہ تعالیٰ کے واسطے۔اور بغض کرنا اللہ

تعالیٰ کے واسطے۔ محبت رکھنا رسول اللہ صلی اللہ علیہ وسلم سے۔ اخلاص، توبہ، خوف، رجا، حیا، شکر، وفا کرنا عہد کرنا، صبر، تواضع، رحمت و شفقت مخلوق پر، راضی ہونا قضائے الٰہی پر، توکل کرنا، ترک کرنا خود پسندی کا، ترک کرنا کینہ کا، ترک کرنا حسد کا، ترک کرنا غصہ کا، ترک کرنا بدخواہی کا، ترک کرنا حب دنیا کا۔

شعب ایمان جو زبان سے متعلق ہیں اور وہ سات ہیں

کلمہ توحید کا پڑھنا، قرآن مجید کی تلاوت، علم سیکھنا، علم سکھلانا، دعا کرنا، ذکر کرنا، لغو اور منع کلام سے بچنا۔

ان شعبوں کے بیان میں جو باقی جوارح سے متعلق ہیں اور وہ چالیس شعبے ہیں

سولہ تو مکلف کی ذات خاص سے متعلق ہیں:-
طہارت حاصل کرنا، اس میں بدن، جامہ، مکان کی طہارت، وضو کرنا، غسل کرنا، جنابت سے حیض سے نفاس سے سب کچھ داخل ہو گیا۔ نماز قائم کرنا، اس میں فرض و نفل و قضا سب آ گیا۔ صدقہ، اس میں زکوٰۃ، صدقہ فطر، طعام جود، طعام اکرام مہمان سب داخل ہے۔ روزہ، فرض و نفل، حج و عمرہ، اعتکاف، شب قدر کا تلاش کرنا اس میں آ گیا۔ اپنے دین کے بچانے کے لئے کہیں بھاگ نکلنا اس میں ہجرت بھی آ گئی۔ نذر پوری کرنا، قسم کا خیال رکھنا، کفارہ ادا کرنا، بدن چھپانا نماز اور غیر نماز میں، قربانی کرنا، جنازہ کی تجہیز و تدفین، دین ادا کرنا، معاملات میں راست بازی کرنا اور غیر مشروع معاملات سے

بچنا، سچی گواہی ادا کرنا اور اس کو پوشیدہ نہ کرنا۔

اور چھ اپنے اہل و توابع کے متعلق ہیں:۔

نکاح سے عفت حاصل کرنا، اہل و عیال کے حقوق ادا کرنا، اس میں غلام، نوکر، خدمت گزار سے نرمی و لطف کرنا بھی آگیا، والدین کی خدمت کرنا اور ان کو ایذا نہ دینا، اولاد کی پرورش کرنا، ناتے داروں سے سلوک کرنا، آقا کی اطاعت کرنا۔

اور اٹھارہ عام لوگوں سے متعلق ہیں:۔

حکومت میں عدل کرنا، مسلمانوں کی جماعت کی اطاعت کرنا، حکام کی اطاعت کرنا، لوگوں میں اصلاح کر دینا، اس میں خوارج اور باغیوں کے ساتھ قتال کرنا بھی داخل ہے کیوں کہ فساد کا دفع کرنا اصلاح کا سبب ہوتا ہے، نیک کام میں مدد دینا۔

نیک بات بتلانا، بری بات سے منع کرنا، حدود کا قائم کرنا، جہاد کرنا اس میں سرحد کی حفاظت بھی آگئی، امانت ادا کرنا، اس میں خمس نکالنا بھی آگیا، قرض دینا کسی حاجت مند کو، پڑوسی کی خاطر داری کرنا، خوش معاملگی، مال کو اس کے موقع میں صرف کرنا، اس میں فضول خرچی سے بچنا بھی آگیا، سلام کا جواب دینا، سلام کا جواب دینا، چھینکنے والے کو جواب دینا یعنی جب الحمد للہ کہے تو جواب میں یرحمک اللہ کہنا، لوگوں کو ضرر نہ پہنچانا، لہو و باطل سے بچنا، ایذا دینے والی چیز جیسے کانٹا ڈھیلہ راہ سے ایک طرف کر دینا۔ ۱۶ اور ۱۸ کا مجموعہ چالیس ہوا۔ (فروع الایمان مطبوعہ ادارہ اسلامیات لاہور، کراچی، ص، ۹۳، ۹۲، ۶۹، ۱۱، ۱۰)

حضرت تھانویؒ کے ملفوظات سے عقائد سے متعلق ضروری باتوں کو ذکر دیا گیا جس عقائد کی اہمیت کا انداز ہو جانا چاہئے۔ عوام کی ضرور معتقدات امام غزالی اپنی مایہ ناز تصنیف قواعد العقائد میں تحریر فرماتے ہیں مسلمانوں کے لیے اور عوام الناس کے لیے

عقائد کے باب میں سات امور کا اعتقاد لازم ہے۔

۱/ التقدیس ۲/ التصدیق ۳/ الاعتراف ۴/ السکوت ۵/ الامساک ۶/ الکف ۷/ التسلیم۔

تقدیس کی تعریف: تقدیس کا مطلب اللہ کی ذات کو جسمیت اور اس جیسے اوصاف سے پاک صاف تصور کرنا یعنی وہ کسی بھی چیز کا محتاج نہیں۔

تصدیق کی تعریف: ان تمام چیزوں کی بلا چوں وچرا تصدیق کرنا جو امور محمد عربی صلی اللہ علیہ وسلم لے کر آئے اور ان تمام امور کو برحق گردانا۔

اعتراف کی تعریف: یعنی اللہ کی ہر مراد کو انسان نہیں جان سکتا کیوں کہ وہ عاجز ہے اور اس میں اتنی طاقت نہیں ہے اور اس پر حکمتوں کا جاننا ضروری نہیں ہے۔

سکوت کی تعریف: متشابہات پر خاموشی اختیار کرے اور اس کے معانی کی جستجو بھی نہ کرے اور یہ اعتقاد رکھے متشابہات کے بارے میں سوالات کرنا بدعت ہے ورنہ بھٹک جانے کا امکان ہے۔

امساک کی تعریف: اللہ کے بارے میں وارد صفات میں کسی بھی طرح تاویل اور تبدیلی سے پرہیز کرے اور قرآن وحدیث میں وارد متشابہات پر اپنے تئیں سمجھ کر اس کی مراد کی تعین کرنے سے باز رہے۔

الکف کی تعریف: اللہ کی ذات کی بارے میں زیادہ عقلی اعتبار سے غور و فکر نہ کرے۔

التسلیم کی تعریف: اسلامی عقائد کے بارے میں تسلیم ورضا کا طریقہ اختیار کرے اگر کوئی عقیدہ سمجھ میں نہ بھی آئے تو اس کو اللہ اور اس کے رسول کے سپرد کردے کہ یہ

عقیدہ تو بالکل درست ہے، البتہ اللہ اور اس کے رسول اسے خوب اچھی طرح جانتے ہیں ہاں مگر میری سمجھ کا قصور ہے کہ سمجھ نہیں پارہاہوں۔

امام غزالیؒ فرماتے ہیں کہ عقائد کے بارے میں عوام کے لیے ان امور کا اعتقاد رکھنا لازم ہے۔

خلاصۂ کلام یہ کہ ایک مسلمان کے لیے نبی کریم صلی اللہ علیہ وسلم کی بیان کردہ یا آپ کے عمل سے ثابت تمام باتوں پر ایمان رکھنا مومن ہونے کے لئے ضروری ہے اور ایمان ویقین بھی ایسا کہ اس میں شک وشبہ کا ذرہ برابر دور دور تک کوئی اتا پتہ نہ ہو، بالکل ہر بات پر مکمل یقین جازم ہو۔

قواعد العقائد کے محقق موسیٰ محمد علی تحریر فرماتے ہیں کہ کلمہ شہادت "اشھد ان لا الہ الا اللہ واشھد ان محمداً رسول اللہ حدیث میں آتا ہے جو اسے ادا کرے گا وہ جنت میں داخل ہو جائے گا۔(المعجم الکبیر ص:۹۴ج:۲)

اگرچہ اس کا مطلب صرف زبان پر ادا کرنا نہیں بلکہ اس کے تقاضوں کو بجالانا ضروری ہے کلمہ شہادت کے دو جز ہیں ایک اشھد ان لا الہ الا اللہ اور دوسرا اشھد ان محمد رسول اللہ، پہلے جزو کے تحت پچاس ۵۰/عقائد آتے ہیں، اور دوسرے جزو کے تحت تیرہ ۱۳/عقائد آتے ہیں گویا کلمۂ شہادت کے یہ دو اجزاء ۶۳/عقائد کو شامل ہے۔(قواعد العقائد: ص۳۶)

توحید کے اقسامِ ثلاثہ

اسلام و ایمان کی اساس توحیدِ خالص ہے، اس سے یہ بھی ثابت ہوتا کہ توحیدِ

ربوبیت اور توحید فی العبادۃ اور توحید فی الصفات میں توحید کا عقیدہ رکھنا یہ اصل الاصول ہے۔

توحید ربوبیت کا مطلب اللہ کے بارے میں یہ اعتقاد رکھنا کہ دنیا کی ہر چیز کا مالک حقیقی اور پالنہار صرف اور صرف اللہ ہی ہے اسی نے ہر چیز کو پیدا کیا اور وہی روزی روٹی کا مالک ہے، وہی زندگی اور موت دینے والا وہی نفع اور نقصان کا مالک ہے صرف وہی دعاؤں کو قبول کرنے والا ہے کائنات میں متصرفِ حقیقی بھی وہی ہے وہ ہر چیز پر مکمل قدرت رکھتا ہے اس کا کوئی ساجھی و شریک نہیں اور وہی تقدیر کا بھی مالک ہے۔(کتاب الاصول:۱۵ ج:۱ دلیل علی توحید الربوبیۃ۔ ورد فی الحدیث:(اعلم أن الأمۃ لو اجتمعت علي شئ ینفعول بشئ لم ینفعون الا بشئ قد کتبہ اللہ لک وإن اجتمعوا علی أن یضرون بشئ لم یضروک الا بشئ قد کتبہ اللہ الیک، رفعت الأقلام وجفت الصحف۔ سنن الترمذی(۲۵۱۶)رقم الحدیث۔ وقد حسنہ الترمذی وصححہ الحاکم۔ مسند أحمد ص:۳۰۷ج:۱)

اور صرف توحید کے لئے اتنے پر اکتفا کافی نہیں بلکہ اس کے ساتھ توحید الوہیت پر ایمان کا ہونا بھی ضروری ہے اگر توحید الوہیت پر ایمان نہ ہو تو وہ بھی مومن نہیں ہو سکتا ورنہ اہل مکہ تو توحید ربوبیت کے قائل تھے جیسا کہ ارشاد خداوندی ہے ولئن سألتہم من خلقہم لیقولن اللہ (سورۃ زخرف: آیت ۹۷) کہ وہ اللہ کو خالق مانتے ہیں وہ اللہ کو بارش برسانے والا جانتے ہیں (سورۃ عنکبوت آیت:۶۳) وہ اللہ کو رازق مالک۔۔۔۔ جانتے ہیں (سورۃ نمل آیت: ۶۲) مگر اس کے باوجود ان کو مسلمان نہیں کہا گیا بلکہ قرآن نے کہا ومایومن أکثرہم باللہ إلا وہم مشرکون (سورۃ یوسف آیت:۱۰۶) ان میں سے اکثر اللہ پر ایمان نہیں رکھتے بلکہ وہ مشرک ہی ہے تو صرف توحید ربوبیت بھی مسلمان اور مؤمن ہونے کے لیے کافی نہیں بلکہ توحید الوہیت بھی ضروری ہے۔(دلیل: قال اللہ تعالیٰ {یا

ایہا الناس اعبدوا ربکم الذی خلقکم والذین من قبلکم لعلکم تتقون}(سورۃ البقرۃ آیۃ:۲۱)

توحید الوہیت: کہتے ہیں عبادت صرف اور صرف اللہ ہی کی کرنا کسی کو بھی عبادت میں شریک نہ ٹھہرانا اسی سے خوف کھانا، اسی سے امید لگانا، اسی پر توکل کرنا، اور صرف اسی سے دعامانگنا، نہ کسی نبی کو نہ کسی ولی کو نہ کسی فرشتے اور نہ کسی اور چیز کو عبادت میں اللہ کا شریک ٹھہرانا، ورنہ یہود و نصاریٰ قیامت پر حساب اور جزاء وسزا پر یقین رکھتے ہیں، وہ بھی مومن ہو جائیں گے۔ حالاں کہ قرآن شریف شرک فی العبادۃ ہی کی وجہ سے انہیں کافر قرار دیتا ہے۔(أعلام المنثورۃ لاعتقاد الطائفۃ الناجیۃ، مولف حافظ بن حکیم أحمد ص:۴۶

اسی لیے اِیَّاکَ نَعۡبُدُ وَاِیَّاکَ نَسۡتَعِیۡنُ میں برابر اسی توحید کے اعادہ کا حکم ہے...اور تقریباً بیس فرض وواجب رکعتوں میں چالیس مرتبہ اور سنت مؤکدہ میں چوبیس مرتبہ اس کو پڑھایا جارہا ہے وہ اسی توحید الوہیت کی یاد دہانی کے لیے اور اس کے ساتھ ساتھ توحید فی الصفات بھی ایمان کا جزو لاینفک ہے اس کے بغیر بھی انسان مؤمن نہیں ہوسکتا۔

توحید فی الصفات اس بات کا اقرار کرنا کہ اللہ ہر چیز کو خوب اچھی طرح جاننے والا ہے، نہ اسے اونگھ آتی ہے، نہ نیند اسی کی مشیت و ارادے سے سب کچھ ہوتا ہے، وہی سب چیزوں کو خوب اچھی طرح دیکھتا ہے، اور سنتا بھی ہے، وہ عرش پر اپنی شیانہ شان مستوی ہے۔ تمام اسماء حسنیٰ وصفات علیا کا وہ مالک ہے۔ اور کفار جزیرۃ العرب کو کافر قرار دئے جانے کی یہی وجہ ہے۔ کہ وہ توحید ربوبیت کے تو قائل تھے مگر توحید فی الصفات کے منکر تھے، جو کہتے تھے" لا نعرف الرحمن اِلا رحمان الیمامۃ" حالاں کہ قرآن نے فوراً آیت نازل کی "وہم یکفرون بالرحمن" (سورۃ الرعد آیت:۳۰) وہ رحمن کا انکار کرتے ہیں۔ گویا توحید فی الصفات کا انکار بھی کفر ہے۔(ہو الایمان بما وصف اللہ بہ تعالیٰ نفسہ فی

کتابہ ووصف بہ رسولہ صلی اللہ علیہ وسلم فی الاسماء الحسنیٰ والصفات العلیٰ۔ دلیل: {یعلم ما بین ایدیہم وما خلفہم ولایحیطون بہ علماً} قال تعالیٰ: {ولیس کمثلہ شئ وہو السمیع البصیر}

توحید کی اس پوری تفصیل کے بعد ذرا ہم اپنے مسلمان معاشرے پر ایک نگاہ ڈالیں، تو فوراً معلوم ہو جائے گا مغرب کی اندھی تقلید کرنے والے نظریۂ ارتقاء، نظریۂ فرائیڈ وہ جنسیت وغیرہ کو تسلیم کرکے، گویا توحید ربوبیت کے منکر ہو رہے ہیں۔

ایک طبقہ غلو کی وجہ سے توحید الوہیت اور ایک طبقہ توحید فی الصفات کا منکر ہو رہا ہے۔ اور حیرت تو اس پر ہے کہ انہیں اس کا احساس بھی نہیں۔ اسی لیے میں نے اصول العقائد پر قلم اٹھایا ہے۔ محض توفیق ایزدی و نصرت الٰہی کے بھروسہ پر میں اللہ دست بدعاء ہوں کہ اللہ مجھ کو صحیح معنی میں اصول العقائد پر لکھنے کی توفیق عطا فرمائے، اور ہر طرح کی چھوٹی، بڑی، لفظی، معنوی غلطی سے محفوظ رکھے، اور اپنی پناہ میں لے لیں۔ آمین!

(۱)علوم ایسے معانی ہے جو اہل علم کے ساتھ قائم ہے، اہل سنت سوفسطائی فرقہ فلسفی کو گمراہ گردانتے ہیں، کیوں کہ وہ حقائق اشیاء کا منکر ہے۔ ان کا عقیدہ ہے کہ حقائق اشیاء اعتقادات کے تابع ہیں، لہٰذا تمام اعتقادات تضاد و تناقض کے باوجود صحیح ہے، ان کے تینوں فرقے: عنادیہ، لاادریہ اور عندیہ کافر ہیں۔

خبر متواتر

وہ خبر جسے کے راوی ہر طبقہ میں اتنے زیادہ ہوں کہ ان کا کذب پر متفق ہونا محال ہو، خبر دینے والے خبر سے واقف بھی ہو اور اس کے عالم بھی ہو اور وہ خبر ممکن الوقوع ہو

اور اس کا ادراک حس سے کیا جا سکتا ہو، اس میں نظر و استدلال کی ضرورت نہ ہو؛ متواتر کا منکر کافر ہے۔

(اصول الشاشی ص:۹۰۔ علوم الحدیث ص:۱۸۹۔ نزہۃ النظر ص:۱۰۔ مصطلح الحدیث للعثمین ص:۱۰)

اہلِ سنت کے یہاں جن اخبار پر عمل کرنا لازم ہے، ان کی تین قسمیں ہیں: خبر متواتر۔ خبر واحد۔ مستفیض

خبر واحد، جب اس کا متن اور سند صحیح اور عقلاً محال نہ ہو تو ان پر عمل کرنا واجب اور ضروری ہے۔ اس قسم کے خبروں کی بنیاد پر بے شمار حلال و حرام کے مسائل فقہا نے حل کیے، روافض، خوارج وغیرہ نے آحاد سے استدلال کو علی الاطلاق ناجائز قرار دیا، جو بھی آحاد کا انکار کرے وہ بھی اہل سنت میں سے نہیں۔

(روضۃ الناظر وجنۃ المناظر ص:۵۳، ۵۲۔ اصول الشاشی ص:۷۴)

خبر مستفیض، آحاد اور متواتر کے درمیان ہوتی ہے، علم و عمل کو واجب ٹھہرانے میں متواتر کی طرح ہے۔ (اصول الشاشی ص:۷۴)

اس سے حاصل ہونے والا علم کسبی و نظری ہوتا ہے، اور متواتر سے حاصل ہونے والا علم ضروری اور غیر مکتسب ہوتا ہے۔ اور اس کی کئی صورتیں ہیں، مثلاً انبیاء کی اپنی ذات سے متعلق خبریں۔ صحابہ کی نقل کردہ احادیث میں، مثلاً شقِ قمر، تسبیح الحصا، حنین جذع نخل، طعام قلیل سے اشباع کثیر وغیرہ معجزات۔ اس میں قرآن کریم شامل ہے، جو خبر متواتر سے پہنچا ہے۔ اور اس کے نظم و ترتیب بھی معجزہ ہے۔ اسی طرح وہ احادیث جو مستفیض ہیں اور جن کی صحت پر فقہاء، محدثین اور علماء کا اجماع؛ مثلاً قیامت کے روز شفاعت، حساب، حوض کوثر، صراط، میزان، عذاب قبر، سوال منکر نکیر؛ ان پر ایمان لانا

بھی ضروری ہے۔

اسی طرح احکام میں بھی اس طرح کی روایات وارد ہیں، مثلاً نصاب زکوٰۃ، حد خمر، مسح علی الخفین، رجم وغیرہ کو تسلیم کرنا بھی اہل سنت کے عقائد میں سے ہے، جو لوگ ان میں سے کسی کا انکار کرے وہ گمراہ ہے، مثلاً خوارج جو رجم کے منکر ہیں۔ ان میں بعض حد خمر کے منکر ہیں۔ اور بعض مسح علی الخفین کے منکر ہیں۔ بعض رویئت خداوند کے منکر ہیں۔ بعض حوض کوثر کے منکر ہیں۔ بعض عذاب قبر کے منکر ہیں۔ بعض شفاعت کے منکر ہیں۔ یہ سب گمراہ ہیں۔ بعض نصاب اور حرز کی شرط کے بغیر حدِ قطع ید کے قائل ہیں۔

وہ لوگ بھی گمراہ ہیں جو متفقہ منسوخ حکم پر عمل کرنے کو جائز اور لازم تصور کرتے ہیں، مثلاً: اہل الحدیث اور اہل الرائے، کہ "متعہ" کے حکم منسوخ ہونے کے قائل ہیں اور روافض اس کو کارِ ثواب گردانتے ہیں، حالاں کہ متعہ حرام ہے، اس کی اباحت منسوخ ہو چکی ہے۔

ار اہلِ سنت کا اس بات میں بھی اتفاق ہے، کہ اللہ نے اپنے بندوں کو اپنی معرفت کا مکلف کیا ہے، اور معرفت الٰہی کے حصول کا بھی انہیں حکم دیا ہے؛ اسی طرح کتاب وسنت اور رسولوں کی معرفت کا، ان کے کہنے پر عمل کرنے کا حکم دیا ہے، اس لیے قدریہ کے منجملہ گمراہ عقائد میں ایک عقیدہ یہ بھی ہے کہ وہ کہتے ہیں کہ اللہ نے اپنی معرفت کا کسی کو مکلف نہیں کیا۔ (الفرق بین الفرق ص:۲۸۷)

اہلِ سنت کا اس بات پر بھی اتفاق ہے کہ عقائد اسلامیہ کے مصادر و مراجع تین ہیں : کتاب اللہ، سنت رسول اللہ، اور اجماع۔

(الفرق بین الفرق ص:۲۸۷)

۲/۔ اہلِ سنت کا اس بات پر بھی اتفاق ہے کہ احکام شرعیہ کے مصادر و مراجع چار ہیں: کتاب اللہ، سنت رسول اللہ، اجماع امت اور قیاس۔ (اصول الشاشی ص:۵۰)

روافض میں سے بعض قرآن کے حجت شرعیہ ہونے کے منکر ہیں۔ اسی طرح خوارج اور معتزلہ میں اکثر سنت رسول کے حجت پکڑنے کے منکر ہیں کہ العیاذ باللہ راویان حدیث کافر ہیں یعنی صحابہ؛ یہ لوگ صریح گمراہی پر ہیں۔ بعض اجماع کے منکر ہیں، لہٰذا وہ لوگ اہل سنت سے خارج ہیں۔ بعض قیاس کے منکر اور بعض کذب پر اجماع کے ممکن ہونے کے قائل ہیں؛ یہ سب اہل سنت سے خارج ہیں۔

۳/ اہل سنت کا اس بات پر اتفاق ہے کہ ماسوی اللہ کو عالم کہا جاتا ہے اور عالم فانی ہے، عالم اللہ کی مخلوق ہے، اور اس عالم کا صانع اللہ ہے نہ مخلوق اور نہ مصنوع اور عالم کی کسی جنس سے اللہ نہیں ہے۔ قال تعالیٰ: {وإلهكم إله واحد لا اله الا الله هو الرحمن الرحيم إن في خلق السماوات والارض واختلاف الليل والنهار والفلك التي تجري...} {كل شئ هالك إلا وجهه} {كل من عليها فان، ويبقى وجه ربك ذو الجلال والإكرام}

۴/ اہل سنت اس بات پر بھی متفق ہیں کہ ملائکہ اور جن و شیاطین عالم حیوانات کی جنس سے مستقل مخلوقات ہے اور اس کا وجود ہے، اس کا منکر گمراہ ہے۔

{والملائكة يسبحون بحمد ربهم ويستغفرون لمن في الارض...} {وخلق الجان في مارج من نار} وقال تعالیٰ: {فأزلّهما الشيطان عنها فأخرجهما مما كانا فيه}

۵/ اس امر پر اہل سنت کا اتفاق ہے کہ آسمان اور زمین کے سات سات طبقے ہیں۔ {الذي خلق سبع سمٰوات طباقاً}

۶/ اہل سنت اس بات پر اتفاق بھی رکھتے ہیں کہ عالم کا فنا ہو جانا بطریق قدرت و امکان جائز ہے۔ (الفرق بين الفرق ص:۲۹۰)

۷/ جنت و جہنم اور عذاب جہنم شریعت کے رو سے اہل سنت کے نزدیک ابدی ہے، جو لوگ جنت کی نعمتوں اور جہنم کے عذاب کے فنا یا ختم ہونے کے قائل ہیں وہ گمراہ ہے۔ قال تعالیٰ: {خالدین فیہا ابداً ذلک الفوز العظیم} قال تعالیٰ: {ومن یعص اللہ ورسولہ فإن لہ نار جہنم خالدین فیہا ابداً}

۸/ اہل سنت کا عقیدہ ہے کہ تمام حوادث کے لے محدث (وجود میں آنا) ہونا اور صانع کا ہونا ضروری ہے، وہی اعراض کا بھی خالق ہے اور اجسام کا بھی صانع عالم کے قدیم ہونے پر اہل سنت متفق ہے، اور وہ ازلی و ابدی ہے، اس کا کوئی شریک وساجی نہیں، وہ بے نیاز، نہ اس کی اولاد ہے نہ بیوی اس پر فنا نہیں، اس کو صورت اور اعضاء سے متصف کرنا محال ہے، اللہ کو نہ کوئی مکان گھیرے ہوئے ہے اور نہ زمان اللہ پر آفات، رنج و غم، آلام و لذات طاری نہیں ہوتیں، حرکت وسکون کا اللہ تعالی سے صدور نہیں، اللہ اپنی مخلوق سے کسی قسم کا نفع نہیں حاصل کرتے اور نہ مخلوق کی مدد کے محتاج ہے اور نہ اس کے دفاع میں اپنی ذات سے نقصان کے جیسے مخلوق کی مدد کے محتاج ہے، لہذا ملائکہ کے بارے میں یہ عقیدہ رکھنا کہ ان کو شیطان اور اس کے اعوان کی تکالیف کو روکنے کے لئے پیدا کیا گیا صریح گمراہی ہے۔ (الفرق بین الفرق ص: ۲۹۲)

۱۰/ اللہ ایک ہی ہے نہ اس کے مثل کوئی ہے نہ اس کے برابر کوئی ہے۔ (لیس کمثلہ شیئ)

۱۱/ اللہ کا علم، قدرت، حیات، ارادہ، سمع، بصر، کلام، سب ازلی ہے؛ جبکہ معتزلہ اس کی نفی کرتے ہیں۔ {إن اللہ کان علیماً قدیراً} {إن اللہ کان سمیعاً بصیراً}

۱۲/ اللہ کی تمام مخلوقات پر قدرۃ واحدۃ ہے، اللہ کو اختراع کے طریقہ پر قدرت

حاصل ہے نہ کہ اکتساب کے طریقہ پر۔ {اِن اللہ علی کل شئ قدیر}

۱۴/ اللہ کا علم واحد یعنی ایک ہے اور اس سے وہ تمام معلومات کو تفصیل سے جانتا ہے اور اللہ کو علم حس بدیہہ اور استدلال سے حاصل نہیں ہوتا۔ {اِن اللہ بکل شئ علیم}

۱۵/ اس بات پر اہل سنت کا اتفاق ہیں کہ اللہ سمع و بصر تمام مسموعات و مرئیات کا احاطہ کئے ہوئے ہے، وہ ازل سے اپنے نفس کو دیکھنے والا اور نفس کے کلام کا سننے والا ہے۔ {قل من یرزقکم فی السماء والارض، اَم من یملک السمع والابصار}

۱۶/ اہل سنت کا اس بات پر اجماع ہے کہ اللہ آخرت میں مؤمنین کو دکھائی دے گا۔ اہل سنت اللہ کی رویت کے ہر حال میں اور ہر زندہ کے بطریق عقل جواز کے قائل ہیں، اور آخرت میں اہل ایمان کے لیے اس کی رویت قرآن و حدیث کی رو سے واجب ہے۔ {وجوہ یومئذ ناضرۃ اِلی ربہا ناظرۃ}

۱۷/ اہل سنت کا اس بات پر بھی اجماع ہے کہ اللہ کا ارادہ اس کی مشیت و اختیار سے عبارت ہے، اللہ کا ارادہ اس کی تمام مرادات میں ان سے متعلق اس کے علم کے مطابق نافذ و جاری ہوتا ہے؛ اسی لیے اہل سنت کا عقیدہ ہے کہ عالم میں چھوٹی بڑی کوئی بھی چیز اس وقت تک وجود میں نہیں آسکتی جب تک اللہ کا ارادہ اس کے وجود میں آ لانے کا نہ ہو، اللہ جیسا چاہتا ہے ویسا ہوتا ہے اور اللہ جو نہیں چاہتا وہ نہیں ہوتا، مگر اس کا یہ مطلب نہیں کہ اللہ جو چاہے اس پر راضی بھی ہو اللہ کی رضا اور اللہ کا ارادہ دونوں الگ الگ ہے۔ فمن یرد اللہ اَن یہدیہ یشرح صدرہ لِلاسلام و من یرد اَن یضلہ یجعل صدرہ ضیقاً خرجاً کانما یصعد فی السماء} {ولکن اللہ یفعل ما یرید}

۱۸/ اہل سنت کا اس بات پر بھی اتفاق ہے کہ اللہ کی حیات بلا روح اور بلا کسی غذا کے ہے اور تمام ارواح مخلوق ہے نہ کہ نصاریٰ کے عقیدے کے مطابق جو باپ بیٹا اور

روح کو قدیم مانتے ہیں۔ {اللہ لا الہ الا اللہ ہو الحی القیوم لا تاخذہ سنۃ ولا نوم}

۱۹/ جس ذات میں علم قدرت ارادہ ہو، اس کے لئے حیات لازم ہے، جو زندہ نہیں، اس کا عالم، قادر، مرید، صاحب ارادہ، سامع، مبصر ہونا درست نہیں۔ {کان اللہ بکل شئ علیماً} {اللہ خالق کل شئ}، فہذا عام لا تخصیص بوجہ ما وقد اجتمعت الرسل علی أنہا محدثۃ ومخلوقۃ۔ تہذیب شرح الطحاویۃ ص: ۲۳۲

۲۰/ اللہ کا کلام صفتِ ازلی ہے، غیر مخلوق اور غیر حادث ہے؛ معتزلہ وغیرہ کے بر خلاف جو کلام اللہ قرآن کو مخلوق تصور کرتے ہیں۔

(عن ابی ہریرۃ رضی اللہ عنہ قال قال رسول اللہ صلی اللہ علیہ وسلم: إن اللہ تعالی: قرأ طہ ویسین قبل أن یخلق آدم بألف عام۔ وقال الإمام اللالکائی فی کتابہ: اعتقاد اہل السنۃ: سیامہ من اجماع الصاحبۃ۔ روی عن علی رضی اللہ عنہ قال یوم صفین: ما حکمت مخلوقاً وانما حکمت القرآن ومعہ أصحاب الرسول صلی اللہ علیہ وسلم ومع معاویۃ رضی اللہ تعالیٰ عنہ اکثر منہ۔

۲۱/ اسماء واوصاف الٰہی کے بارے میں اہل سنت کا عقیدہ ہے کہ وہ توفیقی ہے یعنی وہی اسماء واوصاف اللہ پر بولے جائیں گے جو قرآن یا احادیث صحیحہ سے یا اجماع امت سے ماخوذ ہو، بطریق قیاس اللہ پر کسی اسم یا صفت کا اطلاق جائز نہیں؛ سنت صحیحہ کے رو سے اسماء حسنی ننانوے ہیں، جس نے اس کا احصاء کر لیا وہ جنت میں داخل ہو جائے گا یعنی معنی و مطالب پر اعتقاد رکھتے ہوے اسے یاد کر لیا۔

(مجمل اعتقاد اہل السنۃ لمحسن الترکی ص: ۱۲۳۔ اعلام السنۃ المشہورۃ لاعتقاد الطائفۃ الناجیۃ ص: ۶۷۔ قال رسول اللہ صلی اللہ علیہ وسلم للہ تسعۃ وتسعون اسماً صحیح البخاری رقم الحدیث ۷۴۰۶)

اسماء حسنی کی تین قسمیں ہیں

(۱) وہ اسماء جو اللہ کی ذات اقدس پر دلالت کرے، مثلاً: واحد، اول، آخر، جلیل وغیرہ۔{ہو الاول والآخر}

(۲) وہ اسماء جو صفات ازلیہ پر دلالت کرے، مثلاً: حی، قادر، عالم، مرید، سمیع، بصیر وغیرہ۔{اللہ لا الہ الا ہو الحی القیوم}

(۳) وہ اسماء و صفات جو اللہ کے افعال سے مشتق ہوں مثلاً خالق، رازق، عادل وغیرہ۔{اللہ خالق کل شیئ}

کبھی کبھی کوئی اسم بیک وقت دو معنوں کا بھی متحمل ہوتا ہے، یعنی ازلی صفت پر بھی دلالت کرتا ہے اور اس کے فعل سے بھی مشتق ہوتا ہے، مثلاً حکیم وغیرہ۔

۲۲/ اہل سنت کا عقیدہ ہے کہ اللہ تعالیٰ اجسام واعراض اور ان کے خیر وشر کا خالق ہے، وہ بندوں کے اکساب کا بھی خالق ہے، اللہ تعالیٰ کے سواء کوئی خالق نہیں ہے، جیسے کہ معتزلہ بندے کو خالق کسب گردانتے ہیں جو گمراہی ہے؛ بندہ اپنے عمل کا مکتسب ہے اور اللہ اس کے کسب کا خالق ہے، یہ ہی صحیح عقیدہ ہے۔{اللہ خالق کل شئ} اعتقاد اہل السنۃ لمحمد بن عبد الرحمن الخمیس ص:۴۶)

۲۳/ اہل السنت یہ بھی کہتے ہیں کہ اللہ تعالی کی جانب سے ہدایت دو وجوہ سے ہوتی ہے۔(شفاء العلیل فی مسائل القضا دو القدر ص:۶۵)

اول: وہ ہدایت جو حق کے وضوح اور اس کی ابانت سے وہ اس کی جانب بلانے سے اور اس پر دلائل کے قیام سے حاصل ہوتی ہے اس وجہ کی بناء پر ہدایت کی نسبت رسولوں

اور اللہ عزوجل کے دین کی طرف ہر بلکہ داعی کی جانب کی جاسکتی ہے۔ کیوں کہ یہ لوگ مکلف لوگوں کو اللہ تعالی کی طرف سیدھا راستہ دکھلاتے ہیں۔ اللہ تعالی کے اپنے رسول صلی اللہ علیہ وسلم سے اس ارشاد کی یہی تاویل ہے کہ ''بیشک آپ لوگوں کو سیدھا راستہ دکھاتے ہیں (القرآن، سورہ الشوری، آیت ۵۲)۔''یعنی انہیں اللہ تعالی کی جانب بلاتے اور اس کے دین کی دعوت دیتے ہیں۔

دوم: اس اعتبار سے ہے کہ اللہ تعالی کی ہدایت کا مفہوم یہ ہے کہ، بندوں کے قلوب میں رہ راست پر قدم زنی کی خواہش پیدا کر دی جائے۔ جیسا کہ اللہ تعالیٰ نے فرمایا ہے ''اللہ جسے سیدھا راستہ دکھانا اور اس پر چلانا چاہتا ہے اس کے سینے کو اسلام کے لیے کھو ل دیتا ہے۔ اور جس کی گمراہی کا ارادہ کرتا ہے، تو اس کے سینے کو تنگ کرتا ہے۔ (القرآن ، سورہ انعام ، آیت ۱۲۵)۔ اس نوع کی ہدایت پر اللہ تعالی کے سوا کوئی اور قادر نہیں ہے۔ اللہ تعالی کی جانب سے پہلی ہدایت تمام مکلفین کو شامل ہے اور دوسری ہدایت خواص مہتدین کے لئے ہے۔ اس کی تحقیق کی غرض سے اللہ تعالیٰ لوگوں کو سلامتی کے گھر کی طرف بلاتا ہے اور جسے چاہتا ہے اسے سیدھا راستہ دکھاتا ہے (القرآن، سورہ یونس، آیت ۲۵)، اللہ تعالی کی طرف سے گمراہ کئے جانے (اضلال) کا اہل السنت کے نزدیک یہ مفہوم ہے کہ وہ گمراہوں کے قلوب میں گمراہی (الضلال) کو پیدا کر دیتا ہے۔ مثلاً اللہ تعالی فرماتا ہے اور جسے وہ گمراہ کرنا چاہتا ہے تو اس کے سینے کو تنگ کر دیتا ہے۔ (القرآن سورہ لانعام آیت ۱۲۵)

۲۴/ ضلالت وہدایت عدل ہے:

اللہ تعالی جس شخص کو گمراہ کرتا ہے ، اہل السنت کے عقیدے کے مطابق وہ ایسا عدل سے کرتا ہے۔ اسی طرح جسے وہ ہدایت دیتا ہے وہ ایسا اپنے فضل (مہربانی) سے

کر تا ہے۔ یہ بات القدریہ کے اس قول کے خلاف ہے کہ ہدایت الٰہی کے یہ معنی ہیں کہ لوگوں کو حق کی طرف بلایا جائے اور اس کی جانب لوگوں کی رہ نمائی کی جائے اور دلوں کو ہدایت کرنے کا اللہ تعالی سے کوئی تعلق نہیں ہے۔ (انا للہ وانا الیہ راجعون)

{وما ارسلنا من رسول الا بلسانٍ قومہ لیبین لہم فیضل اللہ من یشاء ویہدی من یشاء}

۲۵/ اہل السنت کا آجال (اجل، موت، مرگ، مدت، وقت) کے متعلق یہ عقیدہ ہے کہ: جو بھی موت سے یا قتل سے مر ا وہ اس اجل سے مرا جو اللہ تعالی نے اس کی زندگی کے لئے مقرر کی ہے۔ اللہ تعالی آدمی کو زندہ رکھنے اور اس کی عمر میں اضافہ کرنے پر قادر ہے، مگر جب وہ آدمی کو ایک خاص مدت باقی نہ رکھے تو وہ موت جس تک اس نے آدمی کو باقی نہ رکھا، وہ اس کی اجل نہ ہو گی۔ اس کی مثال ایسی ہی ہے کہ آدمی نے اپنی موت سے پہلے اگر کسی عورت سے نکاح نہ کیا، تو وہ عورت اس کی بیوی نہیں کہلا سکتی، ہر چند کہ اللہ تعالی اس امر پر قادر تھا کہ اس عورت کا اس شخص سے اس کی موت کے پہلے نکاح کرا دیتا۔ یہ بات القدریہ میں سے ان لوگوں کے خلاف ہے جو یہ کہتے ہیں کہ: "جسے قتل کر دیا جاتا ہے اس کی اجل (مدت حیات) کاٹ دی جاتی اور کم کر دی جاتی ہے"۔ اسی طرح یہ بات ان القدریہ میں سے ان لوگوں کے مزعومہ کے بھی خلاف ہے جو یہ کہتے ہیں کہ: " مقتول میت نہیں ہے"۔ اور اللہ تعالی کے اس قول سے انکار کرتے ہیں کہ: "ہر جاندار کو موت کا مزا چکھنا پڑے گا (القرآن، سورہ آل عمران، آیت ۱۸۵)"۔ یہ بدعت ہے اور کعبی نے اس کو اختیار کیا ہے۔ اور رسوائی کے لئے اسے یہی کافی ہے۔ (اعتقاد أہل السنۃ ص: ۱۶۲)

۲۶/ اگر اللہ بندوں کو کسی چیز کا مکلف نہ کرتا تو اس کا عدل ہوتا تکلیف میں کمی زیادتی بھی اللہ کے لیے روا ہے، اللہ مخلوق کو پیدا نہ کرتا تب بھی حکیم ہوتا۔

{انا ارسلنا نوحاً الی قومہ اَن انذر قومک من قبل ان یاتیہم عذاب الیم}

۲۷/ اگر اللہ بندوں کو جنت میں پیدا کرتا تو اس کا فضل ہوتا، اللہ آمر، ناہی، اور حاکم مطلق ہے۔ (تہذیب شرح الطحاویۃ: ص:۲۰۳)

۲۸/ انبیاء کے متعلق ہم اہل سنت کا عقیدہ ہے کہ مخلوق کی جانب انبیاء اور رسول کا بھیجنا اللہ کی طرف سے ہوتا ہے، نبوت ورسالت وہبی ہے کسبی نہیں۔

اہل السنت کے ہاں رسول اور نبی میں فرق یہ ہے کہ: ہر وہ شخص جس پر اللہ کی جانب سے کسی فرشتہ کے توسط سے وحی نازل ہوتی ہے اور ایسے معجزات کے ذریعہ جو خرق عادت ہوں اللہ تعالیٰ نے اسے تائید عطاء فرمائی ہو، تو وہ نبی ہے۔ اور جس شخص کو یہ تمام باتیں عطاء کی گئی ہوں اور ان کے ساتھ ساتھ اسے کوئی نئی شریعت دی گئی ہو، یا اسے پہلے سے موجود شریعت کے بعض احکام کو منسوخ کرنے کا حکم دیا گیا ہو، تو وہ رسول ہے۔

اہل السنت کہتے ہیں کہ انبیاء کی تعداد بہت زیادہ ہے مگر ان میں سے رسول صرف (۳۱۳) ہیں۔ اول الرسل، تمام انسانوں کے جد امجد حضرت آدم علیہ السلام ہیں اور آخری رسول محمد مصطفی صلی اللہ علیہ وسلم ہیں۔ اس کے برعکس مجوس کا یہ دعویٰ ہے کہ تمام انسانوں کا جد امجد گیومیورث تھا، جس کا لقب "گل شاہ" تھا۔ اور آخری رسول زرادشت تھا۔ یہ عقیدہ الخرمیہ کے عقیدہ کے بھی خلاف ہے جو یہ کہتے ہیں کہ: رسول برابر آتے رہتے ہیں، ان کا کوئی آخری رسول نہیں ہے۔

اہل السنت حضرت موسیٰ علیہ السلام کی ان کے زمانہ میں، نبوت کے قائل ہیں۔ یہ بات حضرت موسیٰ کے منکر براہمہ مانویہ کے خلاف ہے۔ جو ان کی نبوت کے منکر ہیں۔ ہر چند کہ مانویہ حضرت عیسیٰ علیہ السلام کو نبی مانتے ہیں۔

اہل السنت حضرت عیسی علیہ السلام کو نبی مانتے ہیں، یہود و براہمہ کے برخلاف جو

ان کی نبوت کے قائل نہیں ہیں۔

۲۹ر حضرت عیسیٰ علیہ السلام کے قتل کا اہل السنت انکار کرتے ہیں۔ اور انہیں آسمان پر اٹھالئے جانے کے قائل ہیں۔ وہ کہتے ہیں کہ دجال کے خروج کے بعد وہ زمین پر اتریں گے، دجال اور خنزیر کو قتل کریں گے۔ مسکرات کو توڑ کر بہادیں گے، کعبہ کو قبلہ قرار دے کے صلوۃ ادا کریں گے، محمد صلی اللہ علیہ وسلم کی شریعت حقہ کی تائید ونصرت کریں گے اور جن چیزوں کو قرآن کریم نے زندہ کیا ہے، انہیں زندہ کریں گے اور جن باتوں کو قرآن کریم نے مردہ کر دیا اور منسوخ وباطل کر دیا ہے، انہیں مردہ کر دیں گے۔ {وما قتلوہ وما صلبوہ ولکن شبہ لہم وإن الذین اختلفوا فیہ لفی شک منہ مالہم بہ من علم الا ابتاع الظن وما قتلوہ یقینا} {بل رفع اللہ الیہ وکان اللہ عزیزاً حکیماً} اشراط الساعۃ ص:۱۶۱، فتح الباری ص:۹۶ج:۶)

۳۰ر اہل السنت ہر مدعیٔ نبوت (متنبی) کی تکفیر کرتے ہیں۔ خواہ یہ اسلام سے قبل گزرے ہوں، مثلاً: زرادشت، یوراسف (بوذاسف، بدھ)، مانی، دیصان، مرقیون ومزدک (وغیرہ) خواہ وہ اسلام کے بعد پیدا ہوئے ہوں، مثلاً مسیلمہ، سجاح، اسود بن یزید عنسی اور ان کے بعد تمام مدعیان نبوت مرزا قادیانی وغیرہ۔ (الفرق بین الفرق ص:۳۰۱)

۳۱ر اہل سنت کا عقیدہ ہے کہ انبیاء الہ نہیں ہوتے جو انہیں الوہیت کا درجہ دے، وہ کافر ہے، انبیاء ملائکہ سے افضل ہے اور انبیاء اولیاء سے بھی زیادہ افضل ہوتے ہیں، انبیاء گناہوں سے معصوم ہیں، انبیاء کی لغزشوں کی تاویل ضروری ہے، انبیاء سے نہ صغیرہ گناہ سرزد ہوتے ہیں نہ کبیرہ۔

(الفرق بین الفرق ص ۳۰۲)

۳۲ر اہل السنت کہتے ہیں کہ : معجزات ایسی بات ہے جو نبوت کا دعویٰ کرنے والے کے ہاتھ پر خلاف عادت ظاہر ہوتی ہے،اس سے نبی کی قوم سے مقابلہ مقصود ہوتا ہے اور اس جیسا معجزات لانے سے اس کی قوم عاجز ہوتی ہے۔اس کا ظہور زمان تکلیف میں ایسے سبب کے ساتھ ہوتا ہے جو اس کے سچے ہونے پر دلالت کرتا ہے۔(اعلام السنۃ المنثورۃ ص:۱۲۶۔ تہذیب شرح الطحاویۃ ص: ۳۸۷)

۳۳ر اہل السنت کہتے ہیں : نبی کے لئے ایک معجزہ لانا ضروری ہے، جو اس کے دعویٰ نبوت کی سچائی کی دلیل ہو۔ سو جب ایک معجزہ ظاہر ہو جائے کہ نبی کی صداقت کی دلیل ہوا اور لوگ اس جیسا معجزہ لانے سے عاجز ہوں، لوگوں پر اس نبی کی تصدیق کی حجت واجب ہو جائے گی اور اس کی اطاعت ان پر لازم ٹھہرے گی۔ اگر اس کے بعد بھی اس معجزہ کے علاوہ لوگ کسی اور معجزہ کا مطالبہ کریں، تو یہ امر اللہ عز و جل کے اوپر منحصر ہے، اگر اس کی مشیت ہوئی تو اس دوسرے معجزہ سے وہ نبی کو قوی دست کرے گا اور اگر اس کا ارادہ ہو گا تو اس دوسرے معجزہ کے طلب کرنے والوں کی گرفت کرے گا اور انہیں اس جرم کی سزا دے گا کہ اس نبی کی سچائی کی جو دلیل ظاہر ہو گئی ہے اس پر وہ ایمان نہ لائے۔ یہ عقیدہ القدریہ کے اس مزعومہ کے خلاف ہے کہ : نبی علیہ الصلوٰۃ والسلام کو اپنی شریعت کی استقامت و تنظیم سے زیادہ کسی معجزہ کی ضرورت نہیں ہوتی۔ یہ عقیدہ ثمامہ (القدری المعتزلی) کا ہے۔ (اعلام السنۃ المنثورۃ ص: ۳۰۱)

اہل السنت کہتے ہیں کہ : دعویٰ نبوت میں جو صادق ہوتا ہے،اس کی تصدیق کے لئے اس معجزۂ تصدیق کا ظہور ہوتا ہے۔ لیکن نبوت کے جھوٹے مدعی پر معجزۂ تصدیق ظاہر نہیں ہو سکتا۔ ہو سکتا ہے کہ ایسے کاذب نبی پر ایسا معجزہ ظاہر ہو جس سے اس کے کذب اور جھوٹ پر دلیل قائم ہو مثلاً کوئی درخت یا اس کے جسم کا کوئی عضو زبان حال

سے اس کی تکذیب کرے۔ یا وہ شعبدہ بازی یا جادو کے ذریعہ دھوکہ دے۔

۳۴/ اہل السنت کے نزدیک اولیاء کرامات کا ظہور جائز ہے۔ یہ کرامات ان کے احوال کی سچائی کی دلیل ہوتی ہیں۔ یہ ایسا ہی ہے جیسے کہ معجزات انبیاء کے دعوی نبوت کی سچائی پر دلالت کرتے ہیں (ویسے ہی کرامات سے اولیاء کے احوال کی صداقت ظاہر ہوتی ہے)۔ (الفرق بین الفرق ص:۳۰۳)

اہل السنت کہتے ہیں کہ: صاحب معجزہ (نبی ورسول) پر معجزہ کو ظاہر کرنا اور اس سے مخالفوں سے معارضہ و تحدی کرنا ہے جبکہ صاحب کرامت (ولی) اپنی کرامت سے کسی تحدی نہیں کرتا، بلکہ اکثر اسے لوگوں سے پوشیدہ رکھتا ہے۔ اسی طرح صاحب المعجزہ کا انجام اور عاقبت مامون و محفوظ ہوتی ہے۔ (اس کا انجام حسن اختتام اور اس کی عاقبت بخیر ہوتی ہے) لیکن صاحب کرامت اپنے انجام کے متغیر ہو جانے سے محفوظ و مصون نہیں ہوتا، مثلاً بلعم بن باعورہ سے ظہور کرامت کے بعد اس کے حالات متغیر ہو گئے تھے۔ القدریہ کراماتِ اولیاء کے انکاری ہیں، اس کی وجہ یہ ہے کہ ان کے فرقہ میں کوئی صاحب کرامت نہیں گذرا ہے۔

۳۵/ اہل السنت کے ہاں قرآن کریم ایک معجزہ ہے اور یہ معجزہ "نظم قرآن "(اسلوب، انداز، ترتیب) ہے۔ القدریہ اس کے خلاف یہ عقیدہ رکھتے ہیں کہ: نظم قرآن کریم میں کوئی اعجاز نہیں ہے۔ نظام کا یہی مذہب ہے۔

{قل لئن اجمعت الانس والجن أن یاتوا بمثل ہذا القرآن لا یاتون بمثلہ} معجزۃ القرآن للشعراوی ص:۳۰)

۳۶/ اہل السنت کہتے ہیں کہ: محمد مصطفی صلی اللہ علیہ وسلم کے معجزات میں سے، معجزہ شق القمر، آپ صلی اللہ علیہ وسلم کے ہاتھوں میں کنکریوں کا اللہ تعالی کی پاکی بیان

کرنا ہے، تھوڑے کھانے سے آپ صلی اللہ علیہ وسلم کا بہت سے لوگوں کو سیر کرنا ہے، یہ اوراس جیسے آپ صلی اللہ علیہ وسلم کے معجزات بکثرت ہیں۔ نظام اوراس کے قدری متبعین نے ان کی مخالفت کی ہے۔(اعتقاد اہل السنۃ امام اللالکائی ص:۳۸۷)

۳۷/ اہل السنت کہتے ہیں کہ: اسلام کی بنیاد پانچ ارکان پر ہے۔ یہ گواہی کہ اللہ تعالی کے سوا کوئی معبود نہیں ہے اور محمد صلی اللہ علیہ وسلم اللہ کے رسول ہیں، قیام صلوۃ، ایتاء زکوۃ، صومِ رمضان اور حج بیت الحرام۔ ارکان کا سقوط و تاویل کفر ہے: اہل السنت کہتے ہیں کہ جس کسی نے ان پانچ ارکان میں سے کسی رکن کے وجوب کو ساقط کر دیا، کسی قوم کی دوستی اور ان کی موالات کے معانی پر ان کی تاویل کی، جیسا کہ غالی اور رافض میں سے المنصوریہ اور النجاحیہ اور فرقۂ نیچریہ نے ان کی تاویل کی ہے، ایسے سبھی لوگ دائرہ اسلام سے خارج ہیں۔(ورد فی الحدیث: شہادۃ ان لا الہ الا اللہ وإقام الصلاۃ وایتاء الزکوۃ وصوم رمضان، وحج البیت۔ صحیح البخاری ص:۱۱، جلد ا۔ مسلم ص:۱۰۳، جلد ا۔ سنن الترمذی ص:۱۹، جلد۹۔ سنن النسائی ص:۱۹۳، جلد ۱۵۔ مسند أحمد ص:۱۸۳، جلد ا۔ مصنف ابن شیبۃ ص:۲۸، جلد۷۔)

۳۸/ صلوۃ مفروضہ (فرض صلوۃ) کے متعلق اہل السنت کا عقیدہ ہے کہ: وہ پانچ وقت کی ہیں۔ اور جس نے بھی ان میں کسی کو ساقط کیا وہ کافر ہے۔ مسیلمہ کذاب نے صلوۃ الفجر اور صلوٰۃ مغرب کے وجوب کو ساقط کر دیا تھا۔ اور ان کے سقوط کو اس نے جھوٹی نبیہ سجاح سے نکاح کر کے اس کا مہر قرار دیا تھا۔ چناں چہ وہ کافر و ملحد ہو گیا۔ اسی طرح صلاۃ جمعہ کا منعقد کرنا واجب ہے اس لیے ان کے نزدیک خوارج اور روافض کافر ہیں، کیوں کہ (روافض) کہتے ہیں کہ: اس زمانے میں جمعہ واجب نہیں ہے کیوں کہ کوئی امام نہیں ہے اور جب تک امام منتظر ظاہر نہ ہو جائے جمعہ کی صلوٰۃ واجب نہیں ہے۔ (اور خوارج،

سرے سے صلوٰۃ جمعہ کے منکر ہیں)۔ قال تعالیٰ :{وأقم الصلاۃ طرفی النہار وزلفاً فی اللیل} فی الحدیث:" خمس صلوات افترضہن اللہ فی احسن وضوء ہن وصلاہن، لوقتہن واتم رکوعہن وخشوعہن کان علی اللہ عہد ان یغفرلہ ومن لم یفعل فلیس لہ علی اللہ إن شاء غفروإن شاء عذبہ" مسند أحمد، ابوداود)

۳۹/ اہل السنت کہتے ہیں کہ اعیان میں سے سونے، چاندی، اونٹ، گائے، بیل (بھینس) اور بھیڑ، بکری میں زکوٰۃ واجب ہے، ان جانوروں کا چرنے والا ہونا ضروری ہے، اسی طرح زکوۃ غذائی اجناس میں، جن کو لوگ کاشت کرتے ہیں اور انہیں غذا کے طور پر استعمال کرتے ہیں واجب ہے۔ کھجور اور انگور کے پھلوں پر بھی زکوٰۃ کو واجب سمجھتے ہیں، جو لوگ اس بات کا عقیدہ رکھیں کہ مذکورہ اشیاء پر کوئی زکوٰۃ واجب نہیں ہے، وہ کافر ہیں۔ لیکن جو لوگ اجمالاً زکوٰۃ کے وجوب کا اثبات کرتے ہیں مگر ان میں فقہاء امت کے اختلاف سے ان کے نصاب میں جو اختلاف ہیں، ان کی وجہ سے کافر نہیں ہوتا۔
{واقیموا الصلوۃ وأتوالزکوۃ وارکعوا مع الراکعین} فی الحدیث:" قال علیہ الصلاۃ والسلام: أتاہ اللہ مالاً ولم یود زکاتہ، مثل لہ یوم القیامۃ مشجاعاً اقرع لہ زبیتان یطوقہ یوم القیامۃ ثم یاخذ بلہزمتیہ ثم یقول: أنا مالک، أنا کنزک، ثم تلا، ولا یحسبن الذین یبخلون۔ صحیح البخاری۔)

۴۰/ اہل السنت صوم رمضان کے وجوب کا عقیدہ رکھتے ہیں اور اوقات صیام میں اس کے توڑنے کو کسی عذر کے بغیر یا صغر سنی یا دیوانگی، یا بیماری یا سفر یا ایسی دوسری مجبوریوں کے علاوہ، حرام خیال کرتے ہیں، وہ کہتے ہیں کہ ماہِ رمضان کا اعتبار ہلال رمضان کی رؤیت سے یاماہ شعبان کے تیس دن پورے ہو جانے پر کرتے ہیں، اسی لئے وہ روافض کو جو ہلال رمضان سے ایک دن پہلے روزہ رکھتے ہیں اور عید الفطر سے ایک دن قبل افطار

کر لیتے ہیں، گمراہ اور بد عقیدہ سمجھتے ہیں۔(قال تعالیٰ: {شہر رمضان الذی انزل فیہ القرآن ہدی للناس وبینات من الہدی والفرقان} ورد فی الحدیث: "الصام جنۃ وإذا کان یوم صوم أحدکم فلارفث ولایصخب فإن سابہ احد او قاتلہ فلیقل إنی إمر اصائم" صحیح البخاری ومسلم)

۴۱/ اہل السنت کے ہاں زندگی میں ایک مرتبہ اس آدمی پر حج فرض ہے جس میں مکہ تک جانے کی استطاعت ہو، الباطنیہ میں سے جن لوگوں نے حج کو ساقط کر دیا ہے، وہ ان کے نزدیک کافر ہیں، لیکن جو لوگ عمرہ کے وجوب کو ساقط کر دیتے ہیں، وہ انہیں کافر نہیں سمجھتے، کیونکہ وجوب عمرہ کے بارے میں امت میں اختلاف رائے ہے۔{الحج اشہر معلومات} ورد فی الحدیث: من لم یمنعہ من الحج حاجۃ ظاہرۃ او سلطان جائر او مرض حابس فمات ولم یحج فلیمت إن شاء یہودیاً وإن شاء نصرانیاً۔الدارمی)

۴۲/ وہ (اہل سنت) کہتے ہیں کہ: صلوت کے صحیح ہونے کے لئے حسب امکان طہارت، ستر عورت، وقت مقررہ اور قبلہ کی جانب منہ کرنا، شرط ہیں، جس نے ان شرائط کو یاان میں سے کسی ایک شئ کو بھی بصورتِ امکان ساقط کر دیاوہ کافر ہے۔{وربک فکبر وثیابک فطہر}{خذوا زینتکم عند کل مسجد} فی الحدیث: " لا صلوۃ لحائض بخمار البالغۃ۔فی الحدیث: "انما الاعمال بالنیات"۔{فولوا وجوہکم شطرہ}{إن الصلاۃ کانت علی المؤمنین کتاباًموقوفاً}

۴۳/ وہ (اہل سنت) اعدائِ اسلام کے خلاف جہاد کا عقیدہ رکھتے ہیں جو اس وقت تک جاری رہے گا جب تک کہ وہ لوگ اسلام قبول نہ کرلیں، یاپھر جزیہ ادا کرنے کا اقرار نہ کریں، ان میں ایسے لوگ بھی ہیں جن سے جزیہ قبول کرنا جائز نہیں ہے۔

{قاتلوا المشرکین کافۃ کمایقاتلونکم کافۃ} فی الحدیث: "الجہاد ماضٍ إلی یوم القیامۃ" فی

الحدیث: ”أمرت أن اقاتل الناس حتی یشہدوأن لا الہ الا اللہ“)

۴۴/ ان کے نزدیک بیع (خرید و فروخت) جائز و حلال ہے مگر رباء (سود) حرام ہے، جو رباء کو مجملاً بھی مباح سمجھتا ہو وہ ان کے خیال میں گمراہ ہے۔ {أحل اللہ البیع وحرم الربا}

۴۵/ اہل سنت کہتے ہیں کہ: شرم گاہ نکاح صحیح یا ملک یمین کے سوا مباح نہیں ہے، اسی لئے انہوں نے فرقہ المبیضہ الخرمیہ اور المحمرہ کی تکفیر کی ہے جو زنا کو مباح و جائز سمجھتے ہیں، اسی طرح اہل السنّت ان لوگوں کو بھی کافر قرار دیتے ہیں جو محرمات کی یہ تاویل کرتے ہیں کہ اس سے وہ لوگ مراد ہیں جن سے موالات کرنا حرام ہے (گویا گروہ باطنیہ محرمات کا قائل ہی نہیں ہے) {والذین ہم لفروجہم حافظون ۲۹۔ الا علی أزواجہم او ماملکت ایمانہم فانہم غیر ملومین}

۴۶/ اہل السنّت کا عقیدہ ہے کہ: زنا، سرقہ، شراب خواری اور قذف (بہتان طرازی) میں حد شرعی جاری کرنا واجب ہے۔ اور خوارج میں سے جن لوگوں نے شراب خواری اور رجم کے حدود کو ساقط کر دیا ہے، وہ کافر اور دائرۂ اسلام سے خارج ہیں۔

{الزانیۃ والزانی فاجلدو اکل واحد منہمامایۃ جلدۃ ولا تاخذکم بہارافۃ فی دین اللہ إن کنتم تومنون باللہ والیوم الآخرۃ} {والسارق والسارقۃ قاطعوا ایدہما جزاء بما کسبا نکالاً من اللہ} ورد فی الحدیث: ”من شرب الخمر فاجلدوہ فإن عاد فاجلدوہ“

۴۷/ اہل السنت کہتے ہیں کہ شرعی احکام کے اصول، کتاب (قرآن کریم) سنت (نبوی صلی اللہ علیہ وسلم) اور اجماع سلف (صالحین) ہیں۔ جو لوگ اجماع صحابہ کو حجت شرعی نہیں سمجھتے وہ ان کے نزدیک کافر ہیں۔ اسی طرح انہوں نے خوارج کی بھی تکفیر کی ہے جو اجماع اور سنت کو حجت شرعی نہیں مانتے۔ ان کے نزدیک روافض بھی کافر ہیں جو

یہ عقیدہ رکھتے ہیں کہ: ان میں سے (سنت واجماع میں سے) کوئی چیز بھی حجت شرعی نہیں ہے بلکہ حجت شرعی امام کا قول ہے جو غائب ہے اور جس کے ظہور کا وہ لوگ انتظار کر رہے ہیں۔ یہ لوگ جو امام غائب کا عبث انتظار کر رہے ہیں بیابان بے آب و گیاہ میں حیران و سرگرداں ہیں اور یہ حیرانی ایسی رسوائی و خواری ہے جو ان کے لئے ان کی گمراہی کی سزا کے بطور کافی ہے۔ (الفرق بین الفرق ص:۳۰۵)

۴۸/ اہل السنّت کا عقیدہ ہے کہ مکلفین کے افعال کی پانچ اقسام ہیں: واجب، محظور، مسنون، مکروہ اور مباح۔

(روضۃ المناظر وجنۃ المناظر ص:۲۰،۱۶، ۲۳،۲۱ / نورالانوار ص:۱۶۹۔۱۷۰)

اقسام

۱۔ واجب: وہ فعل ہے جس کے کرنے کا اللہ تعالیٰ نے لازمی طور پر حکم دیا ہے اور اسے ترک کرنے والے کو اس پر عتاب و سزا کا مستحق قرار دیا ہے۔

۲۔ محظور: وہ فعل ہے جس کے کرنے سے اللہ تعالیٰ نے منع کیا ہے اور اسے کرنے پر اس کے فاعل کو سزا کا مستحق ٹھہرایا ہے، یعنی حرام۔

۳۔ مسنون: وہ فعل ہے جس کے کرنے والے کو ثواب ملے گا مگر ترک کرنے والے کو عقاب نہ ہو گا۔

۴۔ مکروہ: وہ فعل ہے جس کے ترک کرنے والے پر کوئی عتاب نہ ہو گا۔

۵۔ مباح: وہ فعل ہے جس کے کرنے سے نہ کوئی ثواب ہے اور نہ کوئی عقاب، اسی طرح اسے نہ کرنے پر بھی کوئی ثواب وعقاب نہیں ہے۔

ان سب کا تعلق مکلفین کے افعال سے ہے، لیکن بہائم، اطفال اور مجانین (مجنون، پاگل) کے افعال کا اباحت، وجوب اور خطرے سے کوئی واسطہ نہیں اور انہیں کسی حال میں ان سے متصف نہیں کیا جاسکتا۔

۴۹/ اہل السنت کہتے ہیں کہ: مکلفین پر معرفت، قول یا فعل سے متعلق تمام وہ امور جو واجب ہوتے ہیں، وہ ان پر اللہ تعالیٰ کے حکم سے واجب ہوتے ہیں اور ہر وہ امر جس کا کرنا مکلفین کے لئے ممنوع ہے، ایسا اللہ تعالی کی ممانعت کے باعث ہوتا ہے۔ اگر بندوں پر اللہ تعالی کی جانب سے امر و نہی کا حکم وارد نہ ہوتا، تو ان پر کچھ بھی واجب نہ ہوتا اور نہ ان پر کوئی چیز حرام ہی ہوتی۔ {واللہ علی کل شئ قدیر}

۵۰/ اہل سنت والجماعت کا عقیدہ ہے کہ اللہ اس بات پر قادر ہے کہ تمام عالم کو یک بارگی فناء کے گھاٹ اتار دے، یا بعض فنا کردے اور بعض کو باقی رکھے۔ {واللہ علی کل شئ قدیر}

۵۱/ اہل سنت کا عقیدہ ہے کہ اللہ جل جلالہ آخرت میں تمام انسانوں اور حیوانوں کو جو دنیا میں مرے ہیں ان کو دوبارہ زندہ کرے گا۔

{قل یحیہا الذی انشاہا اول مرۃ} {قال فیہا تحیون وفیہا تموتون ومنہا تخرجون}

۵۲/ اور اہل سنت کا یہ بھی عقیدہ ہے کہ جنت و دوزخ مخلوق ہے اور جنت کی نعمتیں اہل جنت پر ہمیشہ رہے گی، اور دوزخ کا عذاب مشرکین، منافقین و کافرین پر ہمیشہ رہے گا۔ (تہذیب شرح الطحاویۃ: ص:۲۶۹)

۵۳/ اہل سنت، سوال منکر نکیر اور عذاب قبر کو برحق قرار دیتے ہیں۔

{وحاق بآل فرعون سوء العذاب، والنار یعرضون علیہا غدواً وعشیاً ویوم تقوم الساعۃ ادخلوا آل فرعون اشد العذاب} فی الحدیث: ”عن ابی ہریرۃ رضی اللہ عنہ قال قال

رسول اللہ صلی اللہ علیہ وسلم: إذا قبر احدکم، اوالإنسان، آتاہ الملکان اسودان ازرقان یقال لاحدہما المنکر واللآخر النکیر۔" (الترمذی: رقم ۱۰۷۱)

۵۴/ اہل سنت حوض کوثر، صراط یعنی پل صراط، میزان یعنی وزن اعمال کے برپا ہونے کو حق قرار دیتے ہیں اور اس کے منکر کو گمراہ قرار دیتے ہیں؛ اسی طرح قیامت کے دن نبی کریم صلی اللہ علیہ وسلم اور آپ کی امت کے علماء و صلحاء گناہ گار مسلمانوں کی شفاعت کریں گے، کا عقیدہ رکھتے ہیں اور اس کے منکر کو گمراہ کہتے ہیں۔ (عن انس بن مالک ان رسول اللہ صلی اللہ علیہ وسلم قال: إن قدر حوضی کما بین ایلۃ إلی صنعا من الیمن وإن فیہ من الاباریق کعدد نجوم السماء۔ صحیح البخاری: رقم الحدیث (۶۵۸۰) مسلم رقم الحدیث (۲۳۰۴) {وأما من اتی کتابہ بیمینہ منسوب یحاسب حساباً یسیراً} {ونضع الموازین القسط لیوم القیامۃ} تہذیب شرح الطحاویہ ص:۱۸۸/ ۱۸۹)

۵۵/ اہلِ سنت اس بات کا اعتقاد رکھتے ہیں کہ امامت یعنی خلافت فرض ہے اور امت پر خلیفہ کا تقرر واجب ہے، تاکہ وہ قاضیوں اور امیروں کا تقرر کرے اور دارالاسلام کی سرحدوں کی حفاظت کا انتظام کرے اور جہاد کے لیے مجاہدین کو روانہ کرے، اور مجاہدین کے درمیان مال فئ کو تقسیم کرے اور مظلوم کی ان کے ظالموں سے دادرسی کرے، خلیفہ کی تقرری کا اجتہاد سے کسی نیک صالح عالم، امانتدار شخص کو منتخب کرنا ہے، نبی کریم صلی اللہ علیہ وسلم نے کسی شخص معین کی امامت کو صراحت سے ذکر نہیں کیا، البتہ اشارے کنارے سے کچھ باتیں عرض کی تھی، جس کو سامنے رکھ کر صحابہ نے اپنے اجتہاد سے حضرت ابو بکرؓ کو خلیفہ بنایا اور آپ نے حضرت عمرؓ کو نامزد، اور حضرت عمرؓ نے شوریٰ کے حوالے امامت کا مسئلہ سپرد کیا اور حضرت علیؓ کو جمہور صحابہ نے منتخب کیا۔

(وأری وجوب السمع والطاعة لأئمة المسلمین، برہم وفاجرہم ممایامر وبمعصیة اللہ۔ ومن ولی الخلافة اجتمع علیہ الناس ورضوابہ او علیہم بسیفہ وجبت علیہ الطاعة وحرم الخروج علیہ ص:۱۳۰فی اصول الایمان، للشیخ محمد بن عبد الوہاب النجدی۔)

خلافت کے شرائط کے بارے میں اہل سنت کا اعتقاد ہے کہ خلیفہ میں پانچ شرائط کا پایا جانا ضروری ہے:

(۱) قرشیت (۲) بیعت (۳) شوری (۴) عدالت (۵) علم

وہ احکام شرعیہ میں رسوخ رکھتا ہو، قریشی ہو یعنی نضر ابن کنانہ بن خزیمہ بن مدرکہ بن الیاس مضر بن نظر ابن معد بن عدنان کی اولاد سے ہو، البتہ متأخرین علماء کی رائے یہ ہے کہ اگر قریشی میں کوئی ایسا صاحب حل وعقد، عادل وعالم نہ ہو، کو مسلمان کسی غیر قریشی کو بھی خلیفہ بنا سکتا ہے۔ گویا اب قریشی ہونا افضل ہے، یا غیر قریشی خلافت کا اہل ہو تو اسے خلیفہ تسلیم کیا جا سکتا ہے۔

بیعت کا مطلب ہے ارباب بست وکشا ہے کہ اس کے دست حق پرست پر بیعت کر لیں، اسی طرح فوجی ارباب حل وعقد اور جمہور اہل اسلام رنج وراحت میں اس کی اطاعت شعاری کا عہد کر لیں، بشرطیکہ وہ معصیتِ ایزدی کا مرتکب نہ ہو، اور خلیفہ سے بھی یہ عہد لے کہ وہ اسلام کے حدود وفرائض کو نافذ کرے گا، طریقۂ عدل پر گامزن رہے گا، اور کتاب وسنت کی پیروی کو اپنا شعار بنائے گا، حضرات صحابہ کرام رضوان اللہ عنہم اجمعین کا یہی طریقہ تھا۔

شوری کا مطلب خلیفہ کا انتخاب مسلمانوں کے باہم مشورے سے ہو، اور شوری بھی اصحابِ علم وفضل کا معتبر ہوگا، جمہوریت طرح ہر کس وناکس کا نہیں۔

۵۶/ اہل سنت والجماعت حضرت ابو بکر کو نبی کریم صلی اللہ علیہ وسلم کے

بعد خلیفہ تسلیم کرتے ہیں اور آپ کو صحابہ میں سب سے افضل گردانتے ہیں آپ کے بعد حضرت عمر کی خلافت راشدہ بھی خلافت کا حصہ ہے اور حضرت ابو بکر کے بعد صحابہ میں سب سے زیادہ افضل آپ ہی تھے، اور حضرت عمر کے بعد حضرت عثمان غنی رضی اللہ عنہ کو خلیفہ تسلیم کرتے ہیں، جو حضرت عمر کے بعد امت کے افضل ترین فرد تھے اور ان کے بعد حضرت علی کو جو حضرت عثمان کے بعد امت کے سب سے افضل فرد تھے۔ (اہل السنۃ شرح اصحاب الحدیث للخمیس ۱۲۶،۱۲۷ صحیح البخاری رقم الحدیث (۳۶۵۹)

۵۷/ اہل سنت مخالفین عثمان و علی و مخالفین ابو بکر و عمر رضوان اللہ علیہم اجمعین سے برأت کا اعلان کرتے ہیں اور حضرت علی کو اپنے زمانے کے امام برحق تسلیم کرتے ہیں اور جنگ جمل جنگ صفین و نہروان میں برسر صواب ہونے کا عقیدہ رکھتے ہیں اور دیگر مخالفین کو اجتہادی غلطی پر ہونے کا تصور و نظریہ رکھتے ہیں، البتہ واقعہ نہروان میں خوارج صریح غلطی و بطلان پر تھے، جو حضرات صحابہ کی تکفیر کے قائل تھے۔ (الفرق بین الفرق ص:۳۰۹)

۵۸/ جب کہ اہل السنت صحابہ کو عدول گردانتے ہیں، اور ان میں کسی ایک کی بھی تکفیر تو کیا فاسق و فاجر ہونے کے بھی قائل نہیں، حضرات صحابہ کرام ؓ کے بارے میں اہل سنت کسی بھی طرح لب کشائی ناجائز اور حرام قرار دیتے ہیں، صحابہؓ معصوم نہیں تھے مگر مغفور تو بہرحال تھے، قرآن نے اعلان کر دیا رضی اللہ عنہم ورضوعنہ اللہ ان سے راضی ہو گیا اور وہ اللہ سے راضی ہو گئے۔ (الاستعاب ص:۷ ج:۱، ص ا)

۵۹/ اہل السنت کہتے ہیں کہ: ایمان کی اصل واساس اللہ تعالی کی معرفت اور اس کی دل سے تصدیق ہے۔ اقرار (باللسان) اور ظاہری اعضاء کو ایمان کا نام دینے پر اُن میں اختلاف ہے۔ مگر ان میں تمام فرض طاعت کی وجوب اور نوافل شرعیہ کے مستحب ہونے

پر اتفاق ہے۔

(تہذیب شرح الطحاویہ ص:۱۳۱:ہو الا قرار باللسان والتصدیق بالجنان۔)

یہ عقیدہ کرامیہ کی خلاف ہے جو کہتی ہیں کہ: ایمان اقرار الفرد (تنہا اور منفرد اقرار)کا نام ہے، خواہ اس اقرار کے ساتھ خلوص ہو، خواہ اس کی ساتھ نفاق ہو۔ یہ عقیدہ خوارج اور القدریہ کے اس مزعومہ کی بھی خلاف ہے کہ گناہ کا ارتکاب کرنے والوں سے مومن کا نام ختم ہو جاتا ہے (یعنی ارتکاب گناہ سے بندہ صاحب ایمان نہیں رہ جاتا)۔ اہل السنت کہتے ہیں کہ ایمان کا نام کفر سے کم تر گناہ کے ارتکاب سے ختم نہیں ہوتا اور جس کا گناہ کفر سے کم تر ہو، وہ مومن ہے ہر چند کہ اپنی معصیت کے سبب وہ فاسق ہو گیا۔

۶۰ / اہل السنت کہتے ہیں کہ: کسی مسلمان کا قتل صرف تین حالتوں میں جائز ہے: ارتداد سے، شادی شدہ شخص کی زنا کرنے سے اور اپنی برابر (کفوئ) مقتول کے قتل کی قصاص سے۔ یہ امر خوارج کی عقیدہ کی خلاف ہے جو ہر عاصی اور گناہ گار کے قتل کو مباح وحلال سمجھتے ہیں۔

(عن عبد اللہ ابن مسعود رضی اللہ تعالیٰ عنہ قال قال رسول اللہ صلی اللہ علیہ وسلم: لایحل دم امرئ مسلم الا باحد فی ثلاث: الثیب الزانی والنفس بالنفس، والتارک لدینہ المفارق للجماعۃ صحیح البخاری ص:۲۵۲۱ ج۶، مسلم: ص:۱۳۰۲ ج۳، ترمذی ص:۲۰ ج:۴۔ سنن النسائی: ۷/۹۰)

اگر تمام گناہ گار اشخاص ارتکاب گناہ سے کافر ہو جاتے ہوں، تو وہ لوگ مرتدین اسلام میں شامل ہوں گے اور انہیں قتل کر دینا واجب و لازمی ہو گا، ان پر حدود کے اقامت کی کوئی ضرورت ہی نہ ہو گی اور چور کے ہاتھ کاٹنے، قذف کے مجرم پر حد جاری کرنے اور شادی شدہ زانی کو سنگ ساری کرنے سے کوئی بات حاصل نہ ہو گی اور اس کا کوئی

فائدہ نہ ہوگا۔ کیوں کہ مرتد کے لئے قتل کی سوا کوئی حد شرعی ہے ہی نہیں۔

۶۱/ ملائکہ گناہوں سے معصوم ہیں، کیوں کہ اللہ تعالی ان کے بارے میں فرماتا ہے: "اللہ تعالی انہیں جو حکم دیتا ہے اس میں وہ اس کی نافرمانی نہیں کرتے اور وہی کرتے ہیں جن کا انہیں حکم دیا جاتا ہے (القرآن، سورہ التحریم، آیت ٦)"۔ (الفرق بین الفرق :ص ۳۴۴)

۶۲/ اہل السنت کہتے ہیں کہ تمام امتوں کے اولیاء سے انبیاء افضل ہیں۔ یہ ایسے بعض لوگوں کے خلاف ہے جو بعض اولیاء کو بعض انبیاء پر فضیلت دیتے اور ان کی افضلیت کے قائل ہیں۔ یہ خیال فرقہ الکرامیہ کا ہے۔ (مجمل اعتقاد اہل السنۃ لمحسن عبد اللہ الترکی: ص ۷۵۔ الفرق بین الفرق: ۳۴۴، ۲۳۶۔)

۶۳/ اہل السنت میں مفضول کی امامت سے متعلق اختلاف ہے۔ شیخ ابو الحسن اشعری اس سے انکار کرتے ہیں۔ (یعنی فاضل کی موجودگی میں مفضول امام نہیں ہو سکتا)۔ مگر القلانسی کے خیال میں یہ بات جائز ہے۔ (الفرق بین الفرق ص: ۳۴۴)

۶۴/ اہل السنت صحابہ کرامؓ میں "عشرہ مبشرہ" کی موالات کا عقیدہ رکھتے ہیں اور ان کے یقینی جنتی ہونے کے معتقد ہیں۔ یہ عشرہ مبشرہ، خلفائے اربعہ (راشدین)، حضرات طلحہ، زبیر، سعد بن ابی وقاص، سعید بن زید بن عمرو بن نفیل، عبد الرحمان بن عوف اور ابو عبیدہ بن جراح رضی اللہ عنہم ہیں۔ (الفرق بین الفرق ص: ۳۴۴)

۶۵/ یہ لوگ ان تمام صحابہؓ سے موالات و دوستی کا اظہار کرتے ہیں، جو نبی کریم صلی اللہ علیہ وسلم کے ہمراہ جنگ بدر میں شریک تھے۔ اور ان کے جنتی ہونے پر قطعیت کے ساتھ یقین رکھتے ہیں۔ وہ یہی عقیدہ شرکاء احد کے متعلق بھی رکھتے ہیں۔ اسی طرح تمام وہ صحابہ جو بیعت رضوان کے موقع پر مقام حدیبیہ میں رسول اکرم صلی اللہ علیہ

وسلم کے ساتھ تھے، اہل السنت کے نزدیک اہل الجنت ہیں۔ (الفرق بین الفرق ص:۳۴۴)

۶۶/ اہل السنت کہتے ہیں کہ: صحیح حدیث کے رو سے امت محمدی صلی اللہ علیہ وسلم کے ستر ہزار (۷۰۰۰۰) اشخاص کسی حساب کتاب کے بغیر بخش دیئے جائیں گے اور جنت میں داخل کر لئے جائیں گے۔ ان میں سے ہر ایک شخص ستر ہزار (۷۰۰۰۰) اہل ایمان کی شفاعت کرے گا۔ اس گروہ میں حضرت عکاشہ بن محصن رضی اللہ عنہ بھی داخل ہیں۔ (الفرق بین الفرق ص:۳۵۳)

۶۷/ اہل السنت ان تمام لوگوں کی موالات کے قائل ہیں جو مسلمان مرے اور اپنی موت سے پہلے ان میں سے کوئی اہل الاہواء الضالۃ کی بدعت پر قائم اور ان کا معتقد نہ تھا۔ (الفرق بین الفرق ص:۳۴۵)

۶۸/ بت پرست کسی خاص انسان کے پرستار، ہر حسین و جمیل چیز کے پوجاری، چاند سورج کی عبادت کرنے والے، ستاروں کی پرستش کرنے والے، ملائکہ کو خدا کی بیٹیاں کہنے والے، شیطان کے پجاری، گئو ماتا کی پوجا کرنے والے، آگ کی عبادت کرنے والے؛ یہ سب کفار مشرکین ہیں مسلمان کے لیے ان کے ذبیحے حرام ہیں۔ مسلمانوں کے لئے ان کی عورتوں سے نکاح بھی حرام ہے، اور عبادات و ریاضات میں ان کی مشابہت اختیار کرنا بھی حرام ہے۔ (الفرق بین الفرق ص:۳۴۸)

فلاسفہ میں سوفسطائیہ جو حقائق اشیاء کے منکر ہیں اور وہ فلاسفہ عالم کے قدیم ہونے کا نظریہ رکھتے ہیں، دہریہ جو خدا کے وجود کے منکر ہیں اور وہ فلاسفہ جو ہیولیٰ کے قدیم ہونے کے قائل ہیں اور وہ جو صانع کے ساتھ ساتھ مصنوع کے بھی قدیم ہونے کے قائل ہیں اور وہ فلاسفہ جو طبائع اربعہ یعنی زمین، پانی، آگ اور ہوا کی قدامت کے قائل ہیں اور وہ جو

افلاک و کواکب کے قدامت کے قائل ہیں اور وہ جو فلک کی طبیعت خامسہ ہونے کی وجہ سے اس کے فساد کو قبول نہ کرنے کا نظریہ رکھتے ہیں؛ یہ سب بھی کفار کے زمرے میں داخل ہیں؛ ان کے ذبیحہ اور ان کی عورتوں سے نکاح کا وہی حکم ہے جو کفار کے بارے میں گذرا یعنی حرام ہے۔ براہمہ جو انبیاء ورسل کے منکر ہیں اگرچہ یہ لوگ توحید کے مسائل میں مسلمانوں سے متفق ہیں مگر پھر انبیاء کے انکار کی وجہ کفار کے زمرے میں داخل ہیں۔

۶۹/ اہل کتاب یہود و نصاریٰ کے ذبیحہ کو حلال قرار دیا گیا ہے، مگر عصر حاضر میں اہل کتاب کی اکثریت چوں کہ ان کے اپنے مذہب کی بھی منکر ہے، بلکہ دین کو نجی اور پرائیویٹ مسئلہ قرار دے چکی ہے، لہٰذا برصغیر کے علماء کا رجحان ان کے ذبیحہ کے عدم تحلیل کا ہے، البتہ عرب علماء انہیں اہل کتاب ہی تصور کرتے ہیں، لہٰذا ان کے ذبیحہ کو جائز قرار دیتے ہیں جو محل نظر ہے۔ (الفرق بین الفرق ص:۳۴۸)

مجوس ثنویہ کا بھی شمار کفار ہی میں ہوگا۔

۷۰/ آں حضرت صلی اللہ علیہ وسلم کی تمام ازواج مطہرات کی موالات کے اہل السنت قائل ہیں اور ان سب کو یا ان میں سے کسی کی تکفیر کرتا ہے اسے کافر قرار دیتے ہیں۔ (الفرق بین الفرق ص:۳۵۳)

۷۱/ اسی طرح اہل السنت والجماعت حضرات حسنؓ و حسینؓ رسول اللہ صلی اللہ علیہ وسلم کے اسباط میں سے مشہور لوگوں کی موالات کا عقیدہ رکھتے ہیں مثلاً حسن بن حسن عبد اللہ بن حسن (بن حسن) علی بن حسن زین العابدین محمد بن علی بن حسین المعروف باقر جعفر بن محمد المعروف بہ صادق موسی بن جعفر (المعروف بہ کاظم) اور علی بن عیسی الرضاء (رحمۃ اللہ علیہم) اہل السنت کا یہی قول حضرت علی رضی اللہ عنہ کی تمام صلبی

اولاد کے متعلق ہے مثلاً عباس عمر محمد بن حنفیہ اور تمام وہ جو اپنے آباء کی روش پر قائم رہتے ہوئے فوت ہوئے باستثناء ان لوگوں کے جو ان سب میں اعتزال یا رفض کی جانب مائل ہو گئے ان سب میں وہ لوگ بھی مستثنیٰ ہیں جو ظلم و عدوان کے مرتکب ہوئے مثلاً البرقعی جس نے بصرہ پر ظلم کے پہاڑ توڑے اکثر ماہرین انساب کی رائے ہے کہ اس کا یہ انتساب جعلی تھا اور آل علیؓ میں سے نہیں تھا۔ (الفرق بین الفرق ص:۳۵۴)

۷۲/ اہل السنت مشہور بزرگ تابعین سے بھی موالات رکھتے ہیں کیونکہ انہیں کے بارے میں اللہ تعالیٰ نے فرمایا ہے: "وہ کہتے ہیں کہ اے ہمارے پروردگار ہمارے گناہ اور ہمارے ان با ایمان بھائیوں کے گناہ جو ہم سے پہلے گزرے ہیں، بخش دے اور ہمارے دلوں میں ایمان لانے والوں کی طرف سے کینہ و عداوت نہ ڈال! اے ہمارے پالنے والے بیشک تو رؤف و رحیم ہے۔ (القرآن، سورۃ الحشر، آیت ۱۰)"۔ (الفرق بین الفرق ص:۳۵۴)

اہل السنت یہی دعا ان سب کے لئے کرتے ہیں، جو اہل السنت کے اصول کی پابندی اور ان کا اظہار کرتے ہیں۔

۷۳/ اسی طرح اہل السنت والجماعت ان گروہوں سے جو دائرہ اسلام سے خارج ہیں اور ان خواہش نفسانی کے پیروکاروں سے جو اسلام کی جانب اپنے انتساب کے باوجود گمراہ اور بد عقیدہ ہیں، برأت، بیزاری اور لاتعلقی کا اظہار کرتے ہیں۔ ایسے گمراہ فرقے ہیں، القدریہ، المرجئہ، الخوارج، الجہمیہ، النجاریہ اور المجسمہ ہیں۔ (الفصل فی الملل والاہواء والنحل ص:۹۳ ج۳۔ تہذیب شرح الطحاویہ ص:۴۱۳)

اہل السنت ایک دوسرے کی تکفیر نہیں کرتے

۴۷/ اہل السنت آپس میں ایک دوسرے کو کافر نہیں کہتے۔ ان کے درمیان ایسے اختلافات نہیں ہیں جن سے برأت اور تکفیر لازم آتی ہو۔ چنانچہ یہ لوگ اس جماعت سے وابستہ ہیں جو حق کے ساتھ قائم ہے اور اللہ تعالی حق اور اہل حق کی حفاظت کرتا ہے۔ اسی لئے یہ لوگ ایک دوسرے کو برے الفاظ سے یاد نہیں کرتے اور نہ ایک دوسرے کا توڑ کرتے ہیں۔ حالانکہ دوسرے مخالف فرقوں میں سے بعض بعض کی تکفیر کرتے اور باہم دگر اظہار برأت کرتے ہیں۔

مثلاً خوارج ہی کو لیجئے روافض ہی کو دیکھئے یا قدریہ پر نظر ڈالئے کہ اگر ان کے سات آدمی بھی کسی مجلس میں اکٹھا ہو جائیں تو بھی ایک دوسرے کو کافر قرار دینے میں ان کے درمیان سخت پھوٹ پڑ جائے گی۔ یہ لوگ یہود و نصاریٰ کی طرح ہیں کہ ان میں سے بعض، بعض کو کافر کہتا ہے۔ یہاں تک ''کہ یہود نے کہا کہ نصاریٰ کا مذہب کچھ نہیں ہے اور نصاریٰ نے کہا یہود کا مذہب کچھ بھی نہیں ہے۔ (القرآن، سورۃ البقرہ: آیت ۱۱۳)''۔ اللہ تعالیٰ کا ارشاد ہے: ''اگر قرآن اللہ کے سوا کسی اور کا کلام ہوتا تو وہ اس میں بہت زیادہ اختلاف پاتے۔ (القرآن، سورۃ النساء: آیت ۸۲) اللہ تعالیٰ نے اہل السنت والجماعت کو اس امت کے اسلاف کے بارے میں بری بات کہنے یا ان پر طعن کرنے سے محفوظ و مامون رکھا ہے۔ یہ لوگ مہاجرین، انصار، مشاہیر دین، اہل بدر، اہل احد اور اہل بیعت رضوان کے متعلق عمدہ اور اچھی باتیں ہی کہتے ہیں۔ اسی طرح اہل السنت ان تمام اصحاب کے بارے میں جن کی جنتی ہونے کی رسول اکرم صلی اللہ علیہ وسلم نے شہادت دی ہے، ازواج مطہرات کے بارے میں، صحابہؓ کے بارے میں اور ان کے بیٹوں، پوتوں

کے بارے میں، حسن ظن رکھتے ہیں اور انہیں کلمات خیر سے یاد کرتے ہیں۔ اسی طرح اہل السنت خلفاء راشدین، مشاہیر تابعین اور اتباع تابعین سے محبت کرتے اور حسن عقیدت رکھتے ہیں، کیونکہ ان حضرات کو اللہ تعالیٰ نے بدعات میں ملوث ہونے سے اور منکرات کے اظہار سے محفوظ رکھا ہے۔ (اصول الایمان محمد بن عبد الوہاب ص:۱۳۰)

۷۵/اسی طرح اہل السنت عام مسلمانوں کے متعلق ان کے ظاہری ایمان کی رو سے فیصلہ دیتے ہیں اور ان میں سے کسی کو اس وقت تک کافر نہیں کہتے جب تک کہ ان سے کوئی ایسا فعل ظاہر نہ ہو جو موجب کفر ہے۔ (الفرق بین الفرق ص:۳۱۱)

معارف، علوم، انواع اجتہادات، ان سب میں سے کوئی خصلت ایسی نہیں جس میں اہل السنت والجماعت سبقت لے گئے ہیں، انہیں ان میں سے حصہ وافر ملا ہے، اور کامیابی وفیروز مندی نے انہیں کے قدم چومے ہیں)۔

اہل السنت کے ائمۂ اصول اور علمائے کلام میں سے چند نام یہ ہیں: اہل السنت کے پہلے متکلم عہد صحابہ میں حضرت علی بن ابی طالب کرم اللہ وجہہ تھے۔ انہوں نے خوارج سے الوعد والوعید کے مسائل میں مناظرہ کیا اور القدریہ سے المشیئۃ والاستطاعۃ اور القدر سے متعلق مناظرہ کیا۔ بعد ازاں (دوسرے متکلم صحابی) حضرت عبد اللہ بن عمر رضی اللہ عنہما ہیں جنہوں نے معبد جہنی سے اس لیے اظہار برأت کیا کہ اس نے "قدر" کی نفی کی تھی۔

تابعین میں اہل اسنت کے پہلے متکلم حضرت عمر بن عبد العزیز تھے۔ ان کا ایک نہایت ہی بلیغ رسالہ "القدریہ" کے ردوتردید میں موجود ہے۔ بعد ازاں زید بن علی زین العابدین متکلم گزرے ہیں۔ انہوں نے بھی القدریہ کے رد میں ایک کتاب لکھی تھی۔ پھر حسن بصری ہیں جن کا مکتوب بنام عمر بن عبد العزیز القدریہ کی مذمت میں مشہور و

معروف ہے۔ پھر شعبی ہیں جو القدریہ کے سخت ترین مخالف تھے۔ پھر زہری ہیں جنہوں نے عبد الملک کو یہ فتویٰ دیا تھا کہ القدریہ کا خون مباح اور انہیں قتل کر دینا جائز ہے۔

اس طبقہ کے بعد جعفر بن محمد الصادق کا نام آتا ہے، انہوں نے القدریہ کے رد میں ایک کتاب تحریر کی، اسی طرح خوارج کی تردید میں ایک دوسری کتاب تالیف کی اور روافض کے گروہ غلاۃ کے خلاف بھی ایک کتاب لکھی۔

فقہاء اور ائمہ مذاہب میں سے اہل السنت کے پہلے متکلم (امام) ابو حنیفہؒ و (امام) شافعیؒ تھے، کیوں کہ امام ابو حنیفہؒ کی کتاب "الفقہ الاکبر" القدریہ کی تردید میں ہے۔ انہوں نے ایک رسالہ اہل السنت کے اس عقیدہ کی حمایت میں کہ "استطاعت" "فعل" کے ساتھ ہوتی ہے، املا کرایا تھا۔ مگر انہوں نے اس میں جو بات کہی ہے اس سے دونوں باتوں کو مراد لیا جا سکتا ہے۔ (یعنی یہ کہ استطاعت فعل سے قبل ہوتی ہے یا استطاعت فعل کے ساتھ ہوتی ہے) (امام) شافعیؒ نے علم کلام میں دو کتابیں لکھی ہیں۔ ایک کتاب کا موضوع نبوت کی صحت اور براہمہ کی تردید ہے۔ جب کہ دوسری کتاب اہل الاہواء کے رد میں تحریر کی ہے۔

ان کے بعد امام ابو الحسن الاشعری کا دور آتا ہے جو القدریہ کی حلق کا کانٹا اور زخم بن گئے تھے۔ ان کے مشہور تلامذہ میں ابو الحسن الباہلی اور ابو عبد اللہ بن مجاہد ہیں۔ یہ دونوں آج تک (امام ابو الحسن الاشعری کے) اہم تلامذہ میں شمار ہوتے ہیں۔ ان دونوں نے بہت سے ایسے تلامذہ کو پیدا کیا جو آج تک آفتاب زمانہ و امام عصر ہیں۔ مثلاً ابو بکر محمد بن الطیب (الباقلانی)، ابو اسحاق ابراہیم بن محمد الاسفرائینی اور ابن فورک۔

اس طبقہ سے پہلے ابو علی ثقفی تھے، اور ان کے عہد میں امام السنت ابو العباس القلانسی تھے، جن کی علم کلام میں تصانیف ڈیڑھ سو کتابوں سے زیادہ ہیں، ہم نے اپنے

زمانہ میں ان میں سے ابن مجاہد، ابن الطیب، ابو فورک اور ابراہیم بن محمد کو دیکھا اور ان سے استفادہ کیا ہے۔ ان سب سے اللہ راضی ہو، یہی لوگ اس علم (کلام) میں قائد و سردار ہیں۔

جہاں تک عہد صحابہ، عہد تابعین اور ان کے بعد کے عہد میں گزرنے والے ائمہ فقہ کا تعلق ہے، تو ان لوگوں نے دنیا کو علم سے مالا مال کر دیا۔ ان میں کوئی بھی ایسا نہ تھا جو (اہل) السنت و الجماعت کی تائید و نصرت نہ کرتا رہا ہو۔ وہ لوگ اس آگ سے بھی زیادہ روشناس زمانہ ہیں جو علم پر چڑھا کر بلند کی جائے۔ مثلاً امام ابو حنیفہ، امام مالک، امام شافعی، امام احمد، امام طبری، امام اوزاعی، امام ابن سیرین، امام ابن ابی لیلہ، امام شعبی، امام لیث وغیرہ۔ (الفرق بین الفرق ص:۳۲۲)

محدثین کی خدمات

ائمہ حدیث و اسناد، اسی سیدھے، درست اور کشادہ راستے (طریق اہل السنت) پر چلنے والے ہیں۔ ان میں سے کسی کا دامن بھی بدعت سے داغدار نہیں ہوا۔ ان محدثین کے طبقات میں جو کتابیں لکھیں گئیں ان کی وجہ سے یہ مشہور ہیں۔ ان محدثین کے ہمیشہ باقی رہنے والے علمی مآثر ایک مدت تک لوگوں کے درمیان باقی رہیں گے اور لوگ انہیں ہاتھوں لیتے رہیں گے۔ مثلاً امام زہری، امام ابن حزم، امام عطاء، امام سفیان ابن عیینہ، امام یحی ابن معین، امام یحیٰ القطان، امام ابوزرعہ، امام بخاری، امام مسلم، امام ابو داؤد وغیرہ۔ یہی حال رشد و ہدایت کے ائمہ اور ارباب تصوف کا بھی ہے، جو صدیوں سے اسی اہل السنت کے صحیح، درست، منہج اور طریقہ پر قائم ہیں۔ (الفرق بین الفرق ص:۳۲۳)

ادباء کی خدمات

اسی طرح لغت، نحو اور ادب کے علماء کی کثیر تعداد اہل السنت کے مسلک پر گامزن تھی۔ کوفہ کے علماء لغت، نحو میں اور ماہرین ادب میں سے مفضل الضبی، ابن الاعرابی، الرواسی، الکسائی، الفراء، ابو عبید قاسم بن سلام، علی بن مبارک اللحیانی، ابو عمرو الشیبانی، ابراہیم الحربی، ثعلب، ابن الانباری، ابن مقسم اور مقسم اور احمد بن فارس۔ یہ سبھی اہل السنت سے تعلق رکھتے تھے۔ اسی طرح بصرہ کے علماء نحو، لغت اور عربی ادب میں ابو الاسود الدوئلی، یحیٰ بن معمر، عیسیٰ بن عمر الثقفی، عبد اللہ بن ابی اسحاق الحضرمی اور ان کے بعد ابو عمرو بن العلاء سبھی سبھی اہل السنت والجماعت سے وابستہ تھے۔ ان عمرو العلاء سے (مشہور معتزلی عالم) عمرو بن عبید القدری نے کہا: ”اللہ تعالیٰ کے جانب سے الوعد اور الوعید وارد ہوئے ہیں اور اللہ تعالیٰ اپنے وعد (وعدۂ ثواب) اور وعید (دھمکی، عذاب) کو سچ کر دکھائے گا“۔ (عمرو بن عبید نے) اسی بات سے اپنی اس بدعت کی تائید و نصرت کرنی چاہی کہ اله ایمان میں سے گناہ گار آتش دوزخ میں ہمیشہ ہمیشہ جلتے رہیں گے۔ ابو عمرو بن علاء نے اسے یہ جواب دیا: ”کیا تم نے عربوں کی یہ کہاوت نہیں سنی ہے اور اس سے کیوں بے خبر ہو گئے کہ: کریم جب وعید کرتا اور دھمکی دیتا ہے، تو معاف کر دینے پر فخر کرتا ہوا عربی شاعر کہتا ہے۔ (الفرق بین الفرق ص: ۳۲۴)

”اور میں جب اسے (وعید) دھمکی دیتا ہوں یا اس سے (کسی انعام کا) وعدہ کرتا ہوں، تو اپنے وعید کی خلاف ورزی اور اپنے وعدہ کا ایفا کرتا ہوں“۔

یوں عربوں کے ہاں وعید پر معافی کرم، فضل و شرف کی علامت ہے اور کوئی بری و قابل مذمت عادت نہیں ہے“۔ (بصرہ کے علماء نحو، لغت و عربی ادب میں) خلیل بن

احمد، خلف الاحمر، یونس بن حبیب، سیبویہ، الاخفش، الاصمعی، ابوزید الانصاری، الزجاج، المازنی، المبرد، ابوحاتم سجستانی، ابن دُرید اور الازہری وغیرہ کہ ائمہ ادب میں محسوب ہوتے ہیں۔ ان میں سے ہر شخص کو اہل البدعت پر سخت نکیر اور ان سے اختلاف تھا، ان کی بدعتوں سے بعد بعید (بہت دوری تھی) تھا۔ ان کے مشاہیر میں کوئی بھی ایسا نہ تھا جس کا دامن روافض، خوارج اور القدریہ کی بدعتوں سے نجس وناپاک ہوا ہو۔

یہی حال ائمہ قرات کریم اور مفسرین تفسیر بالروات کا عہد صحابہ کرام سے محمد بن جریر طبری کے اور ان کے معاصرین اور متاخرین کے زمانوں تک رہا ہے وہ سب اہل سے تعلق رکھتے تھے۔ یہی حال مفسرین بالدرایت کا چند افراد کو چھوڑ کر رہا ہے۔ یہ چند مستثنیٰ افراد اہل بدعت سے تھے۔

مشاہیر علماء مغازی، سیر، تاریخ، نقد اخبار اور اویان اخبار بھی اہل السنّت والجماعت ہی کے گروہ سے وابستہ تھے۔

ان باتوں سے یہ ظاہر وواضح ہو جاتا ہے کہ علوم میں فضل وکمال سب کا سب اہل السنت والجماعت کا حصہ ہے۔ اللہ پاک ہمیں انہیں کے زمرے میں شامل فرمائے اور ہمارا حشر انہیں کے ساتھ ہو۔ آمین!

مآثرِ اہل سنت

ہم نے مختلف علوم میں اہلِ سنت والجماعت کے بعض مآثر کا ذکر کیا ہے، اس سے یہ بات ظاہر وواضح ہو جاتی ہے کہ اس ضمن میں ان سے کوئی کوئی سبقت نہیں لے جا سکتا، دینی اور دنیوی علوم میں ان کی تالیفات رہتی دنیا تک باقی وقائم رہنے والی قابل فخر چیزیں ہیں، اور ان پر امت محمدیہ صلی اللہ علیہ وسلم جتنا ناز کرے وہ کم ہے، اب رہا ان کے عمرانی

آثار اور معاشرتی یادگاروں کا معاملہ جو ممالک اسلامیہ میں پھیلی ہوئی ہیں، تو وہ نہایت مشہور اور جستجو کرنے والوں کے روبرو موجود ہیں، تواریخ کے صفحات میں جاوداں ہیں کہ کوئی ان کی ہمسری نہیں کر سکتا، اور کوئی ان سے لگا نہیں کھاتا۔ ان یادگاروں میں مساجد، مدارس، محلات، خانقاہیں، کارخانے، شفاخانے، اور اہل سنت کے علاقوں کی دوسری تمام تعمیرات شامل ہیں۔ اور اس ضمن میں اہل سنت کے سوا کسی اور کا کوئی قابل ذکر کارنامہ نہیں ہے۔

حاصل کلام

اس مختصر گفتگو میں جو کچھ بیان کیا گیا ہے۔ اس سے اہل السنت کے دین و دنیا میں کبھی ختم نہ ہونے والے مآثر و مفاخر کا قدرے اندازہ لگایا جا سکتا ہے۔ اللہ تعالی کا شکر ہے، وہی سزاوار حمد ہے، وہی صاحب فضل و کرم ہے۔ ہمارے آقا محمد مصطفی صلی اللہ علیہ وسلم پر اللہ تعالی کی صلوٰۃ وسلام ہو۔ اور ان کی آل اور تمام صحابہ پر بھی صلوٰۃ وسلام ہو۔ (الفرق بین الفرق ص: ۳۲۵)

فکری واعتقادی فتنوں سے پر اس دور میں ہمارے لئے ضروری ہے کہ ہم ان بنیادی عقائد کو خود بھی ذہن نشین کریں اور اپنے بچوں اور گھر والوں کو بھی یاد کروائیں تاکہ ہر طرح کی گمراہی وضلالت سے بچنے کی تدبیر ہو سکے اللہ ہماری حفاظت فرمائے اور ہم سب کا خاتمہ ایمان و عمل صالح پر فرمائے اور صالحین صدقین اور ابراروں کے ساتھ آخرت میں ہمارا حشر کرے۔ آمین!

***